1500 ENGLISH WORDS
AND PHRASES WITH UNKO
FOR ELEMENTARY
SCHOOL STUDENTS

世界一楽しい
英単語帳

全例文で
うんこの
使用に成功!

小学

うんこ
英単語
1500

THE FUNNIEST ENGLISH
WORDBOOK
IN THE WORLD

JN050516

はじめに

　この本では，小学校で学習しておきたい1500語の英単語・熟語を収録しました。これから始まる英語学習の基礎となるものを厳選しています。

　英単語をテーマ別に並べたり，巻末にミニ英和辞典・ミニ和英辞典をつけたりと，みなさんが学習しやすいような単語集にしました。

　そして，「うんこドリル」シリーズと同様，例文には全て「うんこ」ということばを入れることに成功しました。

　これからの時代，英語を使う機会はこれまで以上に増えてきます。英語が使えると，海外で仕事をすることができたり，海外に旅行に行ってたくさんの人と交流することができたりと，みなさんの将来の可能性が広がります。みなさんが，うんこを使ったこの単語集で，すてきな英語学習のスタートを切れることを祈っています。

文響社

「うんこ」の表記について

うんこ先生

この本では
「うんこ」を unko と
表記しているのじゃ。
「うんこ」を使った英語の表現を
いくつかまとめたから
見ておいてほしいぞい。

🍥 「うんこ」の表現

☁ うんこをする	**do unko**
☁ うんこをもらす	**do unko in one's pants**
☁ 1つのうんこ	**a piece of unko**
☁ 2つのうんこ	**two pieces of unko**

※実際の英語では，うんこは poop などと言いますが，本書では unko に統一しました。
※英語表現の幅を広げ，英文としての自然さを優先するため，一部の例文では小学校学習指導要領
　範囲外の文法を使用しているものもありますのでご了承ください。

もくじ Contents

テーマ別に
単語を確認
するのじゃ。

five **5**

この本の構成と使い方

テーマ
英単語はテーマ別にまとめています。

見出し語
強く発音する部分に気をつけたい英単語にはアクセントマーク（▼）をつけています。

見出し語の意味
品詞と意味を示しています。
意味は赤シートでかくせます。

発音記号・カナ発音
正しい発音に近づけるためのあくまでも参考としてください。

身の回りのもの

文ぼう具
school supplies

pencil
[pénsl] ペンスゥ
▶ Pencils are the best for stabbing unko.
やはりうんこにつきさすならえんぴつが一番だ。
名 えんぴつ

pen
[pen] ペン
▶ This pen can even write on unko.
このペンはうんこにも字を書くことができる。
名 ペン

eraser
[iréisər] イレイサァ
▶ sprinkle eraser shavings over unko
消しゴムのかすをうんこの上に散らす
名 消しゴム, 黒板消し

82 eighty-two

うんこ例文と訳
見出し語を使ったうんこ例文・フレーズです。

チェックボックス
一度学習したら左上半分を,
英単語を覚えたら右下半分を
ぬりましょう。

QRコード
動画を視聴して
正しい発音を
確かめましょう。

home
副 家に, 家で
名 家

⑤英

[houm] ホウム

go home で
「家に帰る」という
意味じゃよ。

▶ Teacher, I forgot my unko at **home**.
先生, うんこを家に忘れてきてしまいました。

英検®マーク
英検®によく出る
単語にマークを
つけています。

house
名 家, 家屋

⑤英

[haus] ハウス

▶ A piece of unko this big won't fit into this **house**.
こんな大きなうんこは, この家の中に入らない。

一言アドバイス
用法や注意点を
解説しています。

身の回りのもの

🐷 もっと覚えるのじゃ!

☁	**cúrtain**	[kə́:rtn] カートゥン	名 カーテン	
☁	**light**	[lait] ライト	名 照明, 光 / 形 明るい, 軽い	⑤英
☁	**floor**	[flɔ:r] フローァ	名 ゆか, 階	⑤英
☁	**trash**	[træʃ] トゥレァッシ	名 ごみ	③英
☁	**gate**	[geit] ゲイト	名 門	③英
☁	**stairs**	[steərz] ステアァズ	名 階段	③英

もっと
覚えるのじゃ!

よゆうがあったら
覚えておきたい
英単語をまとめて
あります。
ちょうせんして
みましょう。

記号と表記

品詞

名 名詞	**代** 代名詞	**動** 動詞
助 助動詞	**形** 形容詞	**副** 副詞
前 前置詞	**接** 接続詞	**間** 間投詞

発音記号・カナ発音

- 発音記号は辞書や教科書によって表記が異なることがあります。
- 強く発音する部分に気をつけたい単語にはアクセントマーク（▼）をつけています。
- 英単語の発音の目安をカタカナで示しています。正しい発音に近づけるための，あくまでも参考としてください。

英検® マーク

5級 **4級** **3級**

英検®によく出る単語には，その級のマークをつけています。級の表記は目安ですので，学習の際はあくまでも参考としてください。

※英検®は，公益財団法人 日本英語検定協会の登録商標です。このコンテンツは，公益財団法人 日本英語検定協会の承認や推奨，その他の検討を受けたものではありません。

音声について

ページ右上の QR コードを読み込むと，ネイティブスピーカーによる単語の発音を動画で確認することができます。正しい発音を身につけましょう。

うんこ学園

～～～～～～

笑いながら学べる

ウェブ学校
「うんこ学園」

▼うんこ学園で検索！
unkogakuen.com

| うんこ学園 | Q |

ウェブサイトからも
動画にアクセスする
ことができるぞい！

※お客様のネット環境，端末などによりご利用いただけない場合がございます。　※本サービスは予告なく変更・休止・終了することがあります。　※ QR コードは ㈱ デンソーウェーブの登録商標です。

生き物

動物

animals

5級

dog

名 イヌ

[dɔːg] ドーグ

▶ A **dog** is barking at my unko.
イヌが私のうんこに向かってほえている。

5級

cat

名 ネコ

[kæt] ケアッ

▶ My father's unko is about as heavy as a **cat**.
父のうんこはだいたいネコと同じ重さだ。

5級

rabbit

名 ウサギ

[rǽbit] レァビッ

▶ flick **rabbit** unko with my middle finger
ウサギのうんこを中指ではじく

生き物

bear
[beər] ベアァ   名 クマ

4級

▶ When I showed the **bear** my father's unko, it ran away.
父のうんこを見せたら，クマはにげていきました。

bird
[bə:rd] バ〜ド   名 鳥

5級

▶ That is unko with **bird** feathers stuck in it.
それはうんこに鳥の羽をつきさしたものです。

pig
[pig] ピッグ   名 ブタ

5級

▶ I dreamed that I became **pig** unko.
ブタのうんこになる夢を見た。

mönkey
[mʌ́ŋki] マンキィ   名 サル

5級

「モ」ンキー
ではないのじゃ。

▶ The **monkeys** are fighting over unko.
サルたちがうんこの取り合いでけんかしている。

lion

[láiən] ライオン

名 ライオン

▶ I finally got some **lion** unko.

ついにライオンのうんこを手に入れた。

koala

名 コアラ

[kouá:lə] コウアーラ

▶ Don't bring unko near the **koala**, please.

うんこをコアラに近づけないでください。

mouse

名 ネズミ

[maus] マウス

▶ My unko is about the same size as a **mouse**.

ぼくのうんこはだいたいネズミと同じ大きさだ。

rat

名 ネズミ

[ræt] レァッ

▶ That's unko with a **rat** tail attached.

それはうんこにネズミのしっぽをつけたものです。

小さい
ネズミは mouse。
rat は大きい
ドブネズミじゃ。

tiger

[táigər] タイガァ 名 トラ

▶ I want to make unko and a **tiger** fight.
うんことトラを戦わせてみたい。

snake

[sneik] スネイク 名 ヘビ

▶ That's not a **snake,** it's my unko.
そっちはヘビではなく, ぼくのうんこだ。

fox

[faks] ファークス 名 キツネ

▶ The **fox** easily jumped over the unko.
キツネが軽やかにうんこをとびこえた。

elephant

[éləfənt] エレファント 名 ゾウ

▶ a festival where you dump **elephant** unko over your head
ゾウのうんこを頭から浴びるお祭り

horse

名 ウマ

[hɔːrs] ホース

▶ A beautiful **horse** is running while flinging unko around.
美しいウマがうんこをまき散らしながら走っている。

gorilla

名 ゴリラ

[ɡərílə] ゴリラ

▶ The **gorilla** crushed my precious unko.
ゴリラに大事なうんこをにぎりつぶされた。

まん中の ri を
強く読むのじゃ。

panda

名 パンダ

[pǽndə] ペァンダ

▶ It's good luck to shower in **panda** unko.
パンダのうんこを頭から浴びると幸運になる。

giraffe

名 キリン

[dʒərǽf] ヂレァフ

▶ Whoever put unko on the **giraffe**'s head, show yourself.
キリンの頭にうんこをのせた人, 出てきなさい。

camel

名 ラクダ

[kǽməl] ケァメゥ

▶ a **camel** with unko between its humps

コブにうんこをはさんだラクダ

zebra

名 シマウマ

[zíːbrə] ズィーブラ

▶ A **zebra** is hiding behind a huge piece of unko.

大きなうんこのかげにシマウマがかくれている。

cow

名 め牛

[kau] カウ

▶ Let's exchange your unko for my **cow**.

あなたのうんこと, 私のめ牛を交かんしましょう。

sheep

名 ヒツジ

[ʃiːp] シープ

▶ That is unko wrapped in **sheep** wool.

それはうんこをヒツジの毛でくるんだものです。

polar bear

[póulər beər] ポウラァ ベアァ

名 ホッキョクグマ

▶ I buy **polar bear** unko at high prices.
ホッキョクグマのうんこ，高価で買い取ります。

kangaroo

名 カンガルー

5級

[kæŋgərúː] ケァンガルー

最後の
「ルー」を強く
読むとよいぞ。

▶ There was unko in the **kangaroo**'s pouch.
カンガルーのポケットにうんこが入っていた。

wild boar

名 イノシシ

[wáild bɔ́ːr] ワイウド ボーァ

▶ That is unko with a **wild boar**'s fang attached.
それはうんこにイノシシのきばをつけたものです。

sea otter

名 ラッコ

[síː ὰtər] スィー アータァ

▶ The **sea otter** is slapping unko on its stomach.
ラッコがおなかにのせたうんこをたたいている。

wolf

图 オオカミ

[wulf] ウゥフ

▶ I was surrounded by **wolves**, but I continued doing unko.
オオカミに囲まれたが，うんこを続けた。 wolves:wolf の複数形

deer

图 シカ

[diər] ディアァ

▶ I removed the unko that was stuck on the **deer**'s antlers.
シカの角につきささったうんこを取ってあげた。

4級

penguin

图 ペンギン

[péŋgwin] ペングゥィン

▶ My father walks like a **penguin** when he does unko.
父はペンギンのような歩き方でうんこをする。

eagle

图 ワシ

[íːgl] イーグゥ

▶ An **eagle** took the unko that I just found.
見つけたばかりのうんこをワシにうばわれた。

owl

[aul] アウゥ

名 フクロウ

▶ The **owl** landed on unko.
フクロウがうんこの上に着地した。

crane

名 ツル

[krein] クレイン

▶ a marvelous Japanese drawing of a **crane** and unko
ツルとうんこをかいた見事な日本画

dragon

名 りゅう

[drǽgən] ドゥレァゴン

▶ If we gather 2 more pieces of unko, the **dragon** will appear.
うんこをあと2個集めればりゅうが現れる。

5級

animal

名 動物

[ǽnəməl] エアニマゥ

▶ An **animal** that looks like unko was discovered.
うんこにそっくりの動物が発見された。

もっと覚えるのじゃ！

ox	[ɑks] アークス	名 お牛
raccoon dog	[rækúːn dɔːg] レァクーンドーグ	名 タヌキ
hippopotamus	[hipəpátəməs] ヒポパータマス	名 カバ
reindeer	[réindiər] レインディアァ	名 トナカイ
hamster	[hæmstər] ヘァムスタァ	名 ハムスター 4級
chick	[tʃik] チック	名 ヒヨコ
duck	[dʌk] ダック	名 アヒル
donkey	[dáŋki] ダンキィ	名 ロバ
hen	[hen] ヘン	名 めんどり
rooster	[rúːstər] ルースタァ	名 おんどり
peacock	[píːkɑk] ピーカーック	名 クジャク
swallow	[swálou] スワーロウ	名 ツバメ

水の生き物

aquatic animals

5級

frog

图 カエル

[frag] フラーッグ

▶ I mistook unko for a **frog** and was raising it.

カエルとまちがえてずっとうんこを飼っていた。

4級

octopus

图 タコ

最初を強く
読むとよいぞ。

[áktəpəs] アークトパス

▶ An **octopus** is wrapped around unko and won't let go.

タコがうんこに巻きついてはなれない。

squid

图 イカ

[skwid] スクウィッド

▶ have a **squid** in your right hand and unko in your left hand

右手にイカ，左手にうんこを持つ

dolphin

名 イルカ

[dálfin] ダーゥフィン

▶ My dream is to do unko with **dolphins**.
夢はイルカといっしょにうんこをすることです。

whale

名 クジラ

[hweil] フウェイゥ

▶ carve a house in the **whale** unko
クジラのうんこをくりぬいて家を作る

shark

名 サメ

[ʃɑːrk] シャーァク

▶ The **shark** ran away when I showed it my father's unko.
父のうんこを見せたらサメはにげていきました。

shrimp

名 エビ

[ʃrimp] シリンプ

▶ curl unko up like a **shrimp**
うんこをエビのように反らせる

jellyfish

名 クラゲ

[dʒélifiʃ] ヂェリフィシ

▶ unko that's clear like a **jellyfish**

クラゲのようにとう明なうんこ

lobster

名 ロブスター

[lábstər] ラーブスタァ

▶ a piece of unko as expensive as a premium **lobster**

高級ロブスターと同じ値段のうんこ

sea turtle

名 ウミガメ

[síː tòːrtl] スィー ター〜トゥ

▶ That is unko wearing a **sea turtle** shell.

それはうんこにウミガメのこうらをかぶせたものです。

starfish

名 ヒトデ

[stáːrfiʃ] スターァフィシ

▶ One is a **starfish** and the other one is unko.

どちらかがヒトデで，どちらかがうんこだ。

crab

名 カニ

[kræb] クレァブ

▶ My grandfather walks like a **crab** when he does unko.
祖父はカニのような歩き方でうんこをする。

生き物

もっと覚えるのじゃ！

shell	[ʃel] シェゥ	名 貝
tadpole	[tǽdpoul] テァドポウゥ	名 オタマジャクシ
tortoise	[tɔ́ːrtəs] トータス	名 リクガメ
crocodile	[krάkədail] クラーコダイル	名 ワニ

ant

名 アリ

[ænt] エァント

▶ **Ants** are crawling on my father's unko.

父のうんこにアリがたかっています。

spider

名 クモ

[spáidər] スパイダァ

▶ There's unko stuck in a **spider**'s web.

クモの巣にうんこが引っかかっている。

grasshopper

[grǽshapər] グレァスハパァ

名 バッタ

▶ A **grasshopper** jumped out of the unko.

うんこの中からバッタがとび出してきた。

butterfly

名 チョウ

[bʌ́tərflai] バタフライ

▶ A **butterfly** is stopped on unko by mistake.
チョウがまちがえてうんこに止まっている。

水泳の「バタフライ」も、チョウの形から来ているぞ。

beetle

名 こう虫
（カブトムシなどの こん虫）

[bíːtl] ビートゥ

▶ Is unko a **beetle**?
うんこはこう虫ですか?

dragonfly

名 トンボ

[drǽgənflai] ドゥレァゴンフライ

▶ My father brilliantly caught a **dragonfly** using unko.
父がうんこを使って見事にトンボをつかまえた。

moth

名 ガ

[mɔːθ] モース

▶ a **moth** with unko-patterned wings
はねがうんこ模様のガ

insect

名 こん虫

[ínsekt] インセクト

▶ My brother is collecting **insect** unko.
兄はこん虫のうんこを集めています。

bug

名 (小さな) 虫

[bʌɡ] バグ

▶ My unko is small like a **bug**.
ぼくのうんこは虫のように小さい。

🗨 もっと覚えるのじゃ！

🗨 **bee**	[biː] ビー	名 ハチ
🗨 **firefly**	[fáiərflai] ファイアァ フライ	名 ホタル
🗨 **mosquito**	[məskíːtou] モスキートゥ	名 カ
🗨 **ladybug**	[léidibʌɡ] レイディバグ	名 テントウムシ
🗨 **caterpillar**	[kǽtərpilər] ケァタピラァ	名 毛虫, いも虫

料理

foods

5級

hamburger

[hǽmbɑːrɡər] ヘァンバ〜ガァ　名 ハンバーガー

▶ compare unko and a **hamburger**

うんことハンバーガーを見比べる

日本語とちがって最初を強く読むのじゃ。

5級

sandwich　名 サンドイッチ

[sǽndwitʃ] セァンウィチ

▶ unko that looks like a **sandwich**

サンドイッチに似たうんこ

5級

spaghetti

[spəɡéti] スパゲティ　名 スパゲッティー

▶ This unko is thinner than **spaghetti**.

スパゲッティーよりも細いうんこだ。

salad

5級

[sǽləd] セァラド

名 サラダ

▶ do unko after eating a **salad**

サラダを食べてからうんこをする

steak

5級

[steik] ステイク

名 ステーキ

▶ I mistook **steak** for unko.

ステーキとうんこを見まちがえた。

soup

5級

[su:p] スープ

名 スープ

▶ Don't pour **soup** over the unko, please.

うんこにスープをかけないでください。

curry and rice

5級

[ká:ri ənd rais] カ～リ アン ライス

名 カレーライス

▶ Never put **curry and rice** together with unko.

カレーライスとうんこをいっしょに置かないこと。

French fries

[fréntʃ fráiz] フレンチ フライズ 　　　　　图 フライドポテト

▶ There are **French fries** on the right of the unko.
うんこの右にフライドポテトがある。

fried chicken

[fráid tʃíkin] フライド チキン
图 フライドチキン

▶ There is **fried chicken** on the left of the unko.
うんこの左にフライドチキンがある。

pizza 　　图 ピザ

[pí:tsə] ピーツァ

▶ There is **pizza** in front of the unko.
うんこの前にピザがある。

omelet 　　图 オムレツ

[áməlit] アームレッ

▶ stand between unko and an **omelet**
うんことオムレツの間に立つ

hot dog

名 ホットドッグ

[hát dɔ:g] ハーッ ドーグ

▶ stand next to unko holding a **hot dog**
ホットドッグを持ってうんこのとなりに立つ

pie

名 パイ

[pai] パイ

▶ unko-shaped **pie**
うんこの形をしたパイ

grilled fish

名 焼き魚

[gríld fíʃ] グリゥド フィッシ

▶ do unko while eating **grilled fish**
焼き魚を食べながらうんこをする

miso soup

名 みそしる

[mí:sou su:p] ミーソウ スープ

▶ Don't pour **miso soup** over the unko, please.
うんこにみそしるをかけないでください。

toast

名 トースト

[toust] トウスト

▶ do unko with **toast** in your mouth

トーストをくわえたままうんこをする

fish and chips

[fiʃ ən tʃips] フィッシャン チップス

名 フィッシュ アンドチップス

▶ **fish and chips** and unko

フィッシュアンドチップスとうんこ

noodles

名 めん類

[núːdlz] ヌードゥズ

▶ This looks like **noodles,** but it's unko.

めん類に見えますが, これはうんこです。

breakfast

名 朝食

[brékfəst] ブレクファスト

▶ Let's talk about unko after **breakfast.**

朝食の後で, うんこの話をしよう。

lunch

⑤級

[lʌntʃ] ランチ

名 昼食

▶ Let's talk about unko before **lunch**.
昼食の前に，うんこの話をしよう。

dinner

⑤級

[dínər] ディナァ

名 夕食

▶ Let's talk about unko before and after **dinner**.
夕食の前と後に，うんこの話をしよう。

🦠 もっと覚えるのじゃ！

pancake	[pǽnkeik] ペァンケイク	名 パンケーキ **④級**
rice ball	[ráis bɔːl] ライス ボーゥ	名 おにぎり
rice cake	[ráis keik] ライス ケイク	名 もち
fried rice	[fraid ráis] フライド ライス	名 チャーハン

野菜
vegetables

5級

tomato

[təméitou] トメイトウ　　　　　名 トマト

▶ Unko and **tomatoes** fell from the sky.

空からうんことトマトが降ってきた。

5級

carrot　　　名 にんじん

[kǽrət] ケアロッ

▶ I'll leave a **carrot** and unko as a guidepost.

目印に, にんじんとうんこを置いておきますね。

5級

potato　　　名 じゃがいも

[pətéitou] ポテイトウ

▶ Which do you prefer for a souvenir, a **potato** or unko?

おみやげは, じゃがいもかうんこ, どちらがよいですか。

corn

③級

图 とうもろこし

[kɔ:rn] コーン

▶ A giant piece of unko appeared in the field of **corn**.
とうもろこし畑にきょ大うんこが現れた。

onion

④級

图 玉ねぎ

[ʌ́njən] アニョン

▶ That's my unko, not an **onion**.
それは玉ねぎではなく, ぼくのうんこだ。

lettuce

图 レタス

[létəs] レタス

▶ That's my brother's unko, not **lettuce**.
それはレタスではなく, 兄のうんこだ。

cucumber

④級

图 きゅうり

[kjú:kʌmbər] キューカンバァ

▶ That's my grandfather's unko, not a **cucumber**.
それはきゅうりではなく, おじいちゃんのうんこだ。

cábbage

名 キャベツ

[kǽbidʒ] ケァベヂ

▶ a machine that turns **cabbage** into unko
キャベツをうんこに変える機械

4級

食べ物

múshroom

名 きのこ

[mʌ́ʃruːm] マシルーム

▶ I can do unko in 1 second after eating **mushrooms.**
私はきのこを食べると1秒でうんこが出せます。

bróccoli

名 ブロッコリー

[brɑ́kəli] ブラーコリィ

▶ Today **broccoli** and unko are on sale.
今日はブロッコリーとうんこが安いよ。

5級

green pépper

[griːn pépər] グリーン ペパァ

名 ピーマン

▶ My unko is hollow inside like a **green pepper.**
ぼくのうんこはピーマンのように中が空どうだ。

eggplant

名 なす

[égplænt] エグプレァント

▶ That's my father's old unko, not an **eggplant**.

それはなすではなく, 父の古いうんこだ。

bean

名 豆

[bíːn] ビーン

▶ a **bean**-sized unko

豆のように小さなうんこ

spinach

名 ほうれん草

[spínitʃ] スピニチ

▶ Both **spinach** and unko, please.

ほうれん草とうんこ, 両方ください。

pumpkin

名 かぼちゃ

[pámpkin] パンプキン

▶ This is neither a **pumpkin** nor unko.

これはかぼちゃでもないし, うんこでもない。

asparagus

[əspǽrəgəs] アスペアラガス

名 アスパラガス

▶ lay unko along the **asparagus**

アスパラガスに沿ってうんこを置く

5級

vegetable

名 野菜

[védʒətəbl] ヴェヂタボゥ

▶ Is unko a **vegetable**?

うんこは野菜ですか?

 もっと覚えるのじゃ!

garlic	[gáːrlik] ガーァリク	名 にんにく
radish	[rǽdiʃ] レァディシ	名 ラディッシュ
sweet potato	[swíːt pətèitou] スウィート ポテイトゥ	名 さつまいも
turnip	[táːrnip] ターニプ	名 かぶ

食べ物 （た もの）

果物 （くだもの）
fruits

---

apple

[ǽpl] エアポゥ

名 りんご

▶ unko just the same hardness as an **apple**

りんごとちょうど同じかたさのうんこ

5級

---

cherry

[tʃéri] チェリィ

名 さくらんぼ，桜

▶ unko that's cute as a **cherry**

さくらんぼのようにかわいいうんこ

5級

---

banana

[bənǽnə] バネァナ

名 バナナ

▶ **banana**-shaped unko

バナナのような形のうんこ

5級

まん中を強めに読むとよいぞ。

lemon

名 レモン

[lémən] レモン

▶ **lemon**-colored unko
レモンのような色のうんこ

食べ物

pineapple

名 パイナップル

[páinæpl] パイネァポゥ

▶ unko as heavy as a **pineapple**
パイナップルと同じ重さのうんこ

peach

名 もも

[piːtʃ] ピーチ

▶ unko as beautiful as a **peach**
もものように美しいうんこ

orange

名 オレンジ
形 オレンジ色の

[ɔ́ːrindʒ] オーリンヂ

▶ unko as fresh as an **orange**
オレンジのようにみずみずしいうんこ

strawberry

[stró:beri] ストゥローベリィ

名 いちご

▶ line a skewer up, **strawberry**, unko, **strawberry**, unko
いちごとうんこを順番にくしにさす

grapes

[greips] グレイプス

名 ぶどう

▶ arrange **grapes** and unko in the window sill
ぶどうとうんこを窓際に並べておく

melon

[mélən] メロン

名 メロン

▶ unko as high-grade as a **melon**
メロンのように高級なうんこ

watermelon

[wó:tərmelən] ウォータメロン

名 すいか

▶ Summer is all about **watermelon** and unko.
夏と言えばすいかとうんこだ。

kiwi fruit

名 キウイフルーツ

[kíːwiː fruːt] キーウィー フルート

▶ Pose with a **kiwi fruit** and unko, and ... Say cheese!

キウイフルーツとうんこを持って，ハイチーズ。

5級

fruit

名 果物

[fruːt] フルート

▶ Is unko a **fruit**?

うんこは果物ですか？

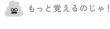 もっと覚えるのじゃ！

mango	[mǽŋgou] メアンゴウ	名 マンゴー
pear	[peər] ペアァ	名 洋なし
grapefruit	[gréipfruːt] グレイプ フルート	名 グレープフルーツ 5級
blueberry	[blúːberi] ブルーベリィ	名 ブルーベリー

食べ物
食材など
groceries

5級

egg
[eg] エッグ

名 たまご

▶ unko that you can crack like an **egg**
たまごのように割れやすいうんこ

5級

sausage
[sɔ́:sidʒ] ソーセヂ

名 ソーセージ

▶ There was a **sausage** and unko in my father's drawer.
父の引き出しからソーセージとうんこが出てきた。

4級

bacon
[béikən] ベイコン

名 ベーコン

▶ thin unko like a slice of **bacon**
ベーコンのようにぺらぺらのうんこ

cheese

名 チーズ

[tʃiːz] チーズ

▶ slice unko like you slice **cheese**

チーズをスライスするようにうんこをスライスする

fish

[fiʃ] フィッシ

名 魚　動 魚つりをする

▶ **fish** unko

魚のうんこ

chicken

名 とり肉,
にわとり

[tʃíkin] チキン

▶ **Chicken** makes me want to do unko.

私はとり肉を見るとうんこがしたくなる。

beef

名 牛肉

[biːf] ビーフ

▶ I can't tell the difference between unko and **beef**.

私はうんこと牛肉の区別がつかない。

4級

pork

名 ぶた肉

[pɔːrk] ポーク

▶ In my hometown we call **pork** "unko."
私の田舎ではぶた肉のことを「うんこ」と呼ぶ。

nut

名 ナッツ

[nʌt] ナット

▶ Girls have to bring **nuts** and boys have to bring unko.
女子はナッツを，男子はうんこを持ってくること。

5級

rice

名 米，ごはん

[rais] ライス

▶ put **rice** on the right shoulder and unko on the left
右かたにごはんを，左かたにうんこをのせる

5級

bread

名 パン

[bred] ブレッド

▶ look at **bread** with the right eye and unko with the left
右目でパンを，左目でうんこを見る

jam

图 ジャム

[dʒæm] ヂェァム

▶ hold **jam** in the right hand and unko in the left
右手にジャムを，左手にうんこをにぎる

ham

图 ハム

[hæm] ヘァム

▶ My unko is lighter than a slice of **ham**.
ぼくのうんこはハム1枚よりも軽い。

salmon

图 サーモン，さけ

[sǽmən] セァモン

▶ I ordered **salmon** but I got unko.
サーモンを注文したのにうんこが出てきた。

tuna

图 まぐろ，ツナ

[tjúːnə] トゥーナ

▶ pack unko into a **tuna** can
ツナかんにうんこをつめこむ

food

名 食べ物

[fu:d] フード

▶ In a way, the main ingredients of unko are **food.**
食べ物はうんこの原材料だと言える。

😺 もっと覚えるのじゃ！

🌀 **meat**	[mi:t] ミート	名 肉	4級
🌀 **honey**	[háni] ハニ	名 はちみつ	
🌀 **butter**	[bʌ́tər] バタァ	名 バター	5級
🌀 **macaroni**	[mækəróuni] メァカロウニ	名 マカロニ	
🌀 **peanut**	[pí:nʌt] ピーナト	名 ピーナッツ	
🌀 **sugar**	[ʃúgər] シュガァ	名 砂糖	5級
🌀 **salt**	[sɔːlt] ソールト	名 塩	5級
🌀 **vinegar**	[vínigər] ヴィネガァ	名 す	

食べ物

飲み物・
おかし
drinks・sweets

5級

milk

图 牛乳

[milk] ミゥク

▶ Don't pour **milk** over the unko, please.
うんこに牛乳をかけないでください。

5級

coffee

图 コーヒー

[kɔ́:fi] コーフィ

▶ My father is gazing at unko while drinking **coffee**.
父がコーヒーを飲みながらうんこをながめている。

5級

juice

图 ジュース

[dʒu:s] デュース

▶ That's a shelf for **juice**, not for unko.
そこはうんこではなくジュースを並べるたなです。

soda

名 ソーダ（水）

5級

[sóudə] ソウダ

▶ We don't have any **soda,** but there's unko.
ソーダはないが，うんこならあります。

tea

名 紅茶，お茶

5級

[tíː] ティー

▶ Let's have some **tea** while we wait for the unko to arrive.
うんこが届くまで，紅茶でも飲んで待ちましょう。

green tea

名 緑茶

[gríːn tíː] グリーン ティー

▶ A *samurai* is gazing at unko while drinking **green tea.**
さむらいが緑茶を飲みながらうんこをながめている。

water

名 水

5級

[wɔ́ːtər] ウォータァ

▶ If you pour **water** on this unko, it grows to 10 times its size.
このうんこに水をかけると10倍にふくらむ。

mineral water

[mínərəl wɔ́ːtər] ミネラゥ ウォータァ 　名 ミネラルウォーター

▶ John is doing unko while drinking **mineral water.**

ジョンがミネラルウォーターを飲みながらうんこをしている。

食べ物

5級

cola

名 コーラ

[kóulə] コウラ

▶ You could see unko in the **cola** commercial.

コーラのCMにうんこがちらっと映っていた。

5級

ice cream

名 アイス クリーム

[áis kriːm] アイス クリーム

▶ I thought it was **ice cream** and bought unko.

アイスクリームとまちがえてうんこを買ってきた。

5級

chocolate

名 チョコレート

[tʃákələt] チャーコレト

▶ There was a drawing of unko on the **chocolate.**

チョコレートをよく見るとうんこの絵がえがかれていた。

cake

名 ケーキ

[keik] ケイク

▶ There are unko-shaped strawberries on the **cake.**
ケーキの上にうんこ形のいちごがのっている。

popcorn

名 ポップコーン

[pápkɔːrn] パープコーン

▶ Why don't we eat **popcorn** and watch unko?
みんなでポップコーンを食べながらうんこでも見ない?

pudding

名 プリン

[púdiŋ] プディング

▶ unko as soft as **pudding**
プリンのようにやわらかいうんこ

parfait

名 パフェ

[pɑːrféi] パーァフェイ

▶ decorate unko like a **parfait**
うんこをパフェのようにかざりつける

yogurt

5級

名 ヨーグルト

[jóugərt] ヨウガト

▶ If you eat **yogurt** in the morning, it's easier to do unko.
朝ヨーグルトを食べるとうんこがよく出る。

食べ物

donut

5級

名 ドーナツ

[dóunʌt] ドウナト

▶ poke a hole in a piece of unko like a **donut**
うんこに穴をあけてドーナツ形にする

cookie

5級

名 クッキー

[kúki] クキィ

▶ store unko in an empty **cookie** canister
クッキーの空きかんにうんこをしまっておく

shaved ice

名 かき氷

[ʃéivd ais] シェイヴダイス

▶ shave unko like **shaved ice**
うんこをかき氷のようにけずる

dessert

名 デザート

[dizə́ːrt] ディザ〜ト

▶ I'll do unko in my pants before the **dessert** gets here.

デザートが来る前にうんこがもれるだろう。

snack

[snǽk] スネァク 名 **おかし，おやつ**

▶ hide unko on the **snack** shelf

うんこをおかしのたなにかくす

🪱 もっと覚えるのじゃ！

🌀 **wáffle**	[wáfl] ワーッフゥ	名 ワッフル
🌀 **cándy**	[kǽndi] ケァンディ	名 キャンディー 5級
🌀 **ápple píe**	[ǽpl pái] エァポゥ パイ	名 アップルパイ 5級
🌀 **potáto chips**	[pətéitou tʃíps] ポテイトウ チップス	名 ポテト チップス

スポーツ

sports

4

5級

baseball

名 野球

[béisbɔːl] ベイスボーゥ

▶ I'm better at doing unko than playing **baseball**.
ぼくは野球よりもうんこが得意だ。

5級

soccer

名 サッカー

[sákər] サーッカァ

▶ A **soccer** player is shooting unko.
サッカー選手がうんこをシュートしている。

5級

basketball

名 バスケット
ボール

[bǽskitbɔːl] ベァスケッボーゥ

▶ Let's play **basketball** with unko.
うんこでバスケットボールをしよう。

basket
だけでは
通じないぞい。

tennis

名 テニス

[ténis] テニス

n は 2 つじゃぞ。

▶ Unko was banned from the **tennis** court.

テニスコートでのうんこが禁止になってしまった。

volleyball

⑤級

名 バレーボール

[válibɔːl] ヴァーリボーゥ

▶ smack unko with a **volleyball**

うんこにバレーボールをたたきつける

table tennis

⑤級

名 たっ球

[téibl tènis] テイボゥ テニス

▶ unko as light as a **table tennis** ball

たっ球の球のように軽いうんこ

badminton

⑤級

[bǽdmintn] ベァドミントゥン

名 バドミントン

▶ smash unko with a **badminton** racket

バドミントンのラケットでうんこをひっぱたく

5級

rugby

名 ラグビー

[rʌ́gbi] ラグビィ

▶ A **rugby** player is dashing with unko in his hand.
ラグビー選手がうんこを持ってダッシュしている。

dodgeball

名 ドッジ
ボール

[dɑ́dʒbɔːl] ダーッヂボーゥ

▶ Unko isn't used in **dodgeball**.
ドッジボールでうんこは使用しませんよ。

5級

football

名 フットボール,
サッカー

[fútbɔːl] フッボーゥ

▶ Unko got thrown onto the field during a **football** game.
フットボールの試合中にうんこが投げこまれた。

softball

名 ソフトボール

[sɔ́ːftbɔːl] ソーフトゥボーゥ

▶ unko exactly the size of a **softball**
ちょうどソフトボール大のうんこ

golf

名 ゴルフ

[ɡɑlf] ガゥフ

▶ do a mountain of unko in my pants while playing **golf**

ゴルフ中に大量のうんこをもらす

swimming

名 水泳

[swímiŋ] スウィミング

▶ A swimmer is **swimming** in an unko pool.

水泳選手がうんこのプールで泳いでいる。

surfing

名 サーフィン

[sə́ːrfiŋ] サ～フィング

▶ I found this unko when I was **surfing**.

このうんこはサーフィンをしているときに見つけました。

cycling

名 サイクリング

[sáikliŋ] サイクリング

▶ Why don't we grab some unko and go **cycling**?

うんこを持ってサイクリングでも行かない?

skiing

名 スキー

[skíːiŋ] スキーイング

▶ go **skiing** with unko on your head
頭にうんこをのせてスキーをする

skating

名 スケート

[skéitiŋ] スケイティング

▶ **Skating** athletes are beautiful even when doing unko.
スケート選手はうんこをするときもかれいだ。

track and field

5級

[træk ənd fiːld] トレァカン フィーゥド

名 陸上競技

▶ Someday doing unko will be a **track and field** event.
いずれ「うんこ」も陸上競技になるだろう。

gymnastics

名 体操

[dʒimnǽstiks] ヂムネァスティクス

▶ casually do unko in my pants while doing **gymnastics**
体操をしながら，さり気なくうんこをもらす

4級

marathon

名 マラソン

[mǽrəθɑn] メァラサン

▶ I laid unko along the **marathon** course.
マラソンのコースに沿ってうんこを並べておいた。

yoga

名 ヨガ

[jóugə] ヨウガ

▶ My grandfather is doing unko in a **yoga** pose.
祖父がヨガのようなポーズでうんこをしている。

5級

game

名 試合, ゲーム

[geim] ゲイム

▶ I did unko in my pants right when the **game** started.
試合開始と同時にうんこをもらしていました。

4級

match

名 試合

[mætʃ] メアッチ

▶ I've seen a **match** between two pieces of unko.
うんことうんこが戦う試合を見たことがある。

sumo

名 すもう

[sú:mou] スーモゥ

▶ **sumo** wrestle without stepping on unko

うんこをふまないようにすもうをとる

日本語がそのまま英語になっているんじゃ。

judo

名 じゅう道

[dʒú:dou] ヂュードウ

▶ This is the "unko throw", a **judo** move.

これがじゅう道の技の1つ「うんこ投げ」だ。

スポーツ・遊び

karate

名 空手

[kərá:ti] カラーティ

▶ A **karate** fighter is posed to fight in front of unko.

空手家がうんこに向かって構えている。

kendo

名 けん道

[kéndou] ケンドウ

▶ My grandfather is doing unko with **kendo** gear on.

祖父がけん道の防具をつけてうんこをしている。

sport

名 スポーツ, 運動

[spɔ:rt] スポート

▶ Doing unko after playing **sports** feels good.
スポーツの後のうんこは気持ちがいいね。

😀 もっと覚えるのじゃ！

American football	[əmérikən fútbɔ:l] アメリカン フッボーゥ	名	アメリカン フットボール
hockey	[háki] ハーッキィ	名 ホッケー	4級
archery	[á:rtʃəri] アーァチェリィ	名 アーチェリー	
boxing	[báksiŋ] バークスィング	名 ボクシング	
wrestling	[résliŋ] レスリング	名 レスリング	
fencing	[fénsiŋ] フェン スィング	名	フェン シング
snowboarding	[snóubɔ:rdiŋ] スノウ ボーディング	名	スノー ボード
triathlon	[traiǽθlən] トライ エァスロン	名	トライ アスロン

スポーツ・遊び

遊び

games and hobbies

fishing

5級

名 魚つり

[fíʃiŋ] フィシング

▶ I lost at **fishing,** but I won't lose at doing unko.
魚つりでは負けたけど，うんこでは負けないぞ。

hiking

5級

名 ハイキング

[háikiŋ] ハイキング

▶ This **hiking** course is covered in unko.
このハイキングのコースはうんこまみれだ。

camping

5級

名 キャンプ

[kǽmpiŋ] ケァンピング

▶ I accidentally brought unko instead of **camping** gear.
キャンプ道具でなくうんこを持ってきてしまった。

jogging

5級

[dʒágiŋ] ヂャーッギング

名 ジョギング

▶ I can't think of anything but unko when I go **jogging**.
ジョギング中はうんこのことしか考えていません。

jump rope

4級

[dʒʌ́mp roup] ヂャンプ ロウプ 名 なわとび

▶ **jump rope** with unko on your head
うんこを頭にのせたまま**なわとび**をする

unicycle

4級

[júːnəsaikl] ユーニサイコゥ 名 一輪車

▶ trample unko many times with a **unicycle**
一輪車でうんこを何度もふみつぶす

tag

名 おにごっこ

[tæg] テァッグ

▶ If you lose at **tag**, you will lose your unko.
おにごっこで負けたらうんこを取られてしまう。

shopping

名 買い物

[ʃɑ́pɪŋ] シャーッピング

▶ If you're going **shopping**, get two pieces of unko.
買い物に行くなら，うんこ2つ買ってきて。

スポーツ・遊び

reading

名 読書

[ríːdɪŋ] リーディング

▶ Stop **reading** and let's talk about unko here.
読書なんかやめて，こっちでうんこの話でもしようよ。

movie

名 映画

[múːvi] ムーヴィ

▶ A **movie** called "Unko" is a big hit.
「うんこ」という映画が大ヒットしています。

concert

名 コンサート

[kɑ́nsəːrt] カーンサ〜ト

▶ I should have done unko before the **concert** started.
コンサート開始前にうんこに行っておけばよかった。

5級

song

名 歌

[sɔːŋ] ソーング

▶ My sister is singing a **song** to unko.
妹がうんこに歌を聞かせている。

4級

hobby

[hábi] ハービィ

名 しゅ味

▶ My **hobby** is making unko samples.
しゅ味はうんこの標本を作ることです。

😈 もっと覚えるのじゃ！

barbecue	[báːrbikjuː] バーァビキュー	名 バーベキュー
skateboard	[skéitbɔːrd] スケイトボード	名 スケートボード
climbing	[kláimiŋ] クライミング	名 登山
art	[ɑːrt] アーァト	名 芸術 5級

数

numbers

5級

one

名 1
形 1つの

[wʌn] ワン

▶ You can choose **one** piece of unko.
好きなうんこを1個選んでいいよ。

数はすらすら
言えるようにして
おくとよいぞ。

5級

two

名 2
形 2つの

[tuː] トゥー

▶ squeeze unko with **two** fingers
2本の指でうんこをつまむ

5級

three

名 3
形 3つの

[θriː] スリー

▶ Let's poke **three** holes in the unko.
うんこに穴を3つ開けましょう。

four

5級

名 4
形 4つの

[fɔːr] フォーア

u を
忘れないように
注意じゃ。

▶ Hit unko with a hammer **four** times.

うんこをトンカチで4回たたきます。

five

5級

名 5
形 5つの

[faiv] ファイヴ

▶ **Five** warriors are protecting the unko.

5人の戦士がうんこを守っている。

six

5級

名 6
形 6つの

[siks] スィックス

▶ **six** horrible mysteries of unko

うんこにかくされた6つのおそろしいなぞ

seven

5級

名 7
形 7つの

[sévən] セヴン

▶ Let go of that unko before I count to **seven**.

7つ数える間に, そのうんこをはなしなさい。

eight

5級

名 8

形 8つの

[eit] エイト

▶ **eight** truckloads of unko
トラック8台分のうんこ

nine

5級

名 9

形 9つの

[nain] ナイン

▶ This week alone I did unko in my pants **nine** times.
今週だけで9回うんこをもらした。

ten

5級

名 10

形 10個の

[ten] テン

▶ He has been talking about unko for **ten** hours now.
かれはもう10時間もうんこの話をしている。

数・形・色

△ **eleven**	[ilévən] イレヴン	名 11 形 11個の	5年
△ **twelve**	[twelv] トゥウェゥヴ	名 12 形 12個の	5年
△ **thirteen**	[θə:rtí:n] サ〜ティーン	名 13 形 13個の	5年
△ **fourteen**	[fɔ:rtí:n] フォー ティーン	名 14 形 14個の	5年
△ **fifteen**	[fiftí:n] フィフ ティーン	名 15 形 15個の	5年
△ **sixteen**	[sikstí:n] スィクスティー ン	名 16 形 16個の	5年
△ **seventeen**	[sevəntí:n] セヴン ティーン	名 17 形 17個の	5年
△ **eighteen**	[eití:n] エイティーン	名 18 形 18個の	5年
△ **nineteen**	[naintí:n] ナイン ティーン	名 19 形 19個の	5年
△ **twenty**	[twénti] トゥウェンティ	名 20 形 20個の	5年
△ **twenty-one**	[twénti wʌn] トゥウェンティ ワン	名 21 形 21個の	5年
△ **twenty-two**	[twénti tu:] トゥウェンティ トゥー	名 22 形 22個の	5年

△ **twenty-three**	[twénti θri:] トゥウェンティ スリー	5級	名 23 形 23個の
△ **twenty-four**	[twénti fɔːr] トゥウェンティ フォーア	5級	名 24 形 24個の
△ **twenty-five**	[twénti faiv] トゥウェンティ ファイヴ	5級	名 25 形 25個の
△ **twenty-six**	[twénti siks] トゥウェンティ スィックス	5級	名 26 形 26個の
△ **twenty-seven**	[twénti sévən] トゥウェンティ セヴン	5級	名 27 形 27個の
△ **twenty-eight**	[twénti eit] トゥウェンティ エイト	5級	名 28 形 28個の
△ **twenty-nine**	[twénti nain] トゥウェンティ ナイン	5級	名 29 形 29個の
△ **thirty**	[θə́ːrti] サ～ティ	5級	名 30 形 30個の
△ **thirty-one**	[θə́ːrti wʌn] サ～ティ ワン	5級	名 31 形 31個の
△ **forty**	[fɔ́ːrti] フォーティ	5級	名 40 形 40個の
△ **fifty**	[fifti] フィフティ	5級	名 50 形 50個の
△ **sixty**	[síksti] スィクスティ	5級	名 60 形 60個の

数・形・色

△ **séventy**	[sévənti] セヴンティ	名 70 形 70 個の	5級
△ **éighty**	[éiti] エイティ	名 80 形 80 個の	5級
△ **nínety**	[náinti] ナインティ	名 90 形 90 個の	5級
△ **húndred**	[hándrəd] ハンドゥレド	名 100 形 100 個の	5級
△ **thóusand**	[θáuzənd] サウザンド	名 1000 形 1000 個の	5級
△ **zéro**	[zíərou] ズィアロウ	名 0 (ゼロ)	5級

first

名 1日
形 1番目の

[fə:rst] ファ〜スト

▶ We hand in the unko on the **first** of each month.
毎月 1 日は，うんこを提出する日だ。

second

名 2日
形 2番目の

[sékənd] セカンド

▶ The unko? I put it in the **second**-to-top drawer.
うんこなら，上から 2 番目の引き出しに入れました。

third

名 3日
形 3番目の

[θə:rd] サ〜ド

▶ My father's unko won **third** place in the contest.
父のうんこがコンテストで第 3 位に入賞した。

△ **fourth**	[fɔːrθ] フォース	名 4 日 形 4 番目の	5級
△ **fifth**	[fifθ] フィフス	名 5 日 形 5 番目の	5級
△ **sixth**	[siksθ] スィックスス	名 6 日 形 6 番目の	5級
△ **sèventh**	[sévənθ] セヴンス	名 7 日 形 7 番目の	5級
△ **eighth**	[eiθ] エイス	名 8 日 形 8 番目の	5級
△ **ninth**	[nainθ] ナインス	名 9 日 形 9 番目の	5級
△ **tenth**	[tenθ] テンス	名 10 日 形 10 番目の	5級
△ **elèventh**	[ilévənθ] イレヴンス	名 11 日 形 11 番目の	5級
△ **twelfth**	[twelfθ] トゥウェッフス	名 12 日 形 12 番目の	5級
△ **thirtèenth**	[θəːrtíːnθ] サ〜 ティーンス	名 13 日 形 13 番目の	5級
△ **fourtèenth**	[fɔːrtíːnθ] フォー ティーンス	名 14 日 形 14 番目の	5級
△ **fiftèenth**	[fiftíːnθ] フィフ ティーンス	名 15 日 形 15 番目の	5級

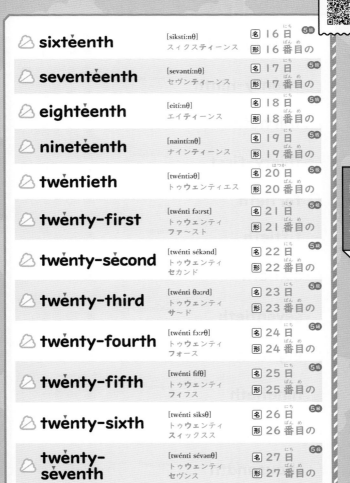

sixteenth	[sìkstíːnθ] スィクスティーンス	名 16 日 形 16 番目の	5級
seventeenth	[sèvəntíːnθ] セヴンティーンス	名 17 日 形 17 番目の	5級
eighteenth	[èitíːnθ] エイティーンス	名 18 日 形 18 番目の	5級
nineteenth	[nàintíːnθ] ナインティーンス	名 19 日 形 19 番目の	5級
twentieth	[twéntiəθ] トゥウェンティエス	名 20 日 形 20 番目の	5級
twenty-first	[twénti fəːrst] トゥウェンティ ファ〜スト	名 21 日 形 21 番目の	5級
twenty-second	[twénti sékənd] トゥウェンティ セカンド	名 22 日 形 22 番目の	5級
twenty-third	[twénti θəːrd] トゥウェンティ サ〜ド	名 23 日 形 23 番目の	5級
twenty-fourth	[twénti fɔːrθ] トゥウェンティ フォース	名 24 日 形 24 番目の	5級
twenty-fifth	[twénti fifθ] トゥウェンティ フィフス	名 25 日 形 25 番目の	5級
twenty-sixth	[twénti siksθ] トゥウェンティ スィックスス	名 26 日 形 26 番目の	5級
twenty-seventh	[twénti sévənθ] トゥウェンティ セヴンス	名 27 日 形 27 番目の	5級

数・形・色

△ **twenty-eighth**	[twénti eiθ] トゥウェンティ エイス	名 28 日 形 28 番目の	5級
△ **twenty-ninth**	[twénti nainθ] トゥウェンティ ナインス	名 29 日 形 29 番目の	5級
△ **thirtieth**	[θə́:rtiəθ] サ～ティエス	名 30 日 形 30 番目の	5級
△ **thirty-first**	[θə́:rti fə:rst] サ～ティ ファ～スト	名 31 日 形 31 番目の	5級
△ **fortieth**	[fɔ́:rtiəθ] フォーティエス	形 40 番目の	
△ **fiftieth**	[fiftiəθ] フィフティエス	形 50 番目の	
△ **sixtieth**	[síkstiəθ] スィクス ティエス	形 60 番目の	
△ **seventieth**	[sévəntiəθ] セヴン ティエス	形 70 番目の	
△ **eightieth**	[éitiəθ] エイティエス	形 80 番目の	
△ **ninetieth**	[náintiəθ] ナイン ティエス	形 90 番目の	
△ **hundredth**	[hándredθ] ハンドゥレドゥス	形 100 番目の	
△ **thousandth**	[θáuzəntθ] サウザントゥス	形 1000 番目の	

数・形・色

🐽 もっと覚えるのじゃ！

☁ **number**	[nʌ́mbər] ナンバァ	名 数，番号	5級
☁ **yen**	[jen] イェン	名 (通貨の) 円	5級
☁ **dollar**	[dálər] ダラァ	名 (通貨の) ドル	5級
☁ **meter**	[míːtər] ミータァ	名 メートル	5級
☁ **centimeter**	[séntimiːtər] センティ ミータァ	名 センチメートル	5級
☁ **kilogram**	[kíləgræm] キログレァム	名 キログラム	5級
☁ **degree**	[digríː] ディグリー	名 度 (温度の単位)	
☁ **Celsius**	[sélsiəs] セゥスィアス	名 セ氏	

形
かたち

shapes

4級

star

[名] 星，星形
ほし　ほしがた

[stɑːr] スターァ

▶ The one with the **star** sticker is my unko.
星形のシールがはってあるのがぼくのうんこだ。
ほしがた

triangle

[名] 三角形，
さんかくけい
トライアングル

[tráiæŋgl] トゥライエァンゴゥ

▶ If you push this **triangle** button, unko is fired.
この三角形のボタンをおすとうんこが発射されます。
さんかくけい　　　　　　　　　　　　　　　　はっしゃ

4級

circle

[名] 円
えん

[sə́ːrkl] サ〜コゥ

▶ make a **circle** out of unko in the schoolyard
校庭にうんこを並べて円を作る
こうてい　　　　　ならべ　えん　つく

square

[skweər] スクウェア

▶ Please look at the **square** unko I did.
四角形のうんこが出たのでごらんください。

round

[raund] ラウンド

形 丸い
名 円

▶ My head is **round,** so it's hard to balance unko on it.
ぼくの頭は丸いので，うんこがのせづらいな。

diamond

[dáiəmənd] ダイアモンド

名 ひし形，
ダイヤモンド

▶ cut out a **diamond**-shaped piece of unko
うんこをひし形に切り取る

heart

[hɑːrt] ハーアト

名 ハート形，
心，心臓

▶ put a **heart**-shaped stamp on unko
うんこにハート形のスタンプを押す

rèctangle

名 長方形

[réktæŋgl] レクテァンゴゥ

▶ There was a ton of unko in the **rectangle**-shaped room.
長方形の部屋に, うんこがぎっしり置かれていた。

shape

名 形

[ʃeip] シェイプ

▶ Size is more important than **shape** for unko.
うんこは形よりも大きさが大事だ。

もっと覚えるのじゃ！

cross	[krɔːs] クロース	名 十字形 / 動 横切る
òval	[óuvəl] オウヴァゥ	名 だ円形
point	[pɔint] ポイント	名 点 / 動 指し示す, 指てきする
line	[lain] ライン	名 線

数・形・色

色

colors

5級

red

名 赤色

形 赤い

[red] レッド

▶ My father is doing unko with a **red** suit on.
父が赤いスーツを着てうんこをしている。

数・形・色

5級

blue

名 青色

形 青い

[blu:] ブルー

最後の e を
忘れないように
気をつけるのじゃ。

▶ 3 **blue** pieces of unko, please.
青いうんこを 3 個ください。

5級

yellow

[jélou] イェロウ

名 黄色　形 黄色の

▶ put a **yellow** hat on the unko
うんこに黄色のぼうしをかぶせる

green

5級

名 緑色
形 緑色の

[gri:n] グリーン

▶ Today I'll try painting unko with **green** paint.
今日は緑色の絵の具でうんこをかいてみよう。

orange

5級

名 オレンジ色
形 オレンジ色の

[ɔ́:rindʒ] オーリンヂ

▶ stomp on unko with **orange** shoes
オレンジ色のくつでうんこをふみつける

purple

5級

名 むらさき色
形 むらさき色の

[pə́:rpl] パ〜ポゥ

▶ **Purple** unko came out, so I came to the hospital.
むらさき色のうんこが出たので病院に来ました。

black

5級

名 黒
形 黒い

[blæk] ブレァク

▶ These days **black** unko is super popular overseas.
いま、海外では黒のうんこが大人気だ。

5級

white

名 白
形 白い

[hwait] フワイト

▶ When I lifted the **white** cloth, I found a picture of unko.
白い布をめくるとうんこの写真が置いてあった。

5級

color

名 色

[kʌ́lər] カラァ

▶ This unko changes **color** according to the temperature.
このうんこは温度で色が変わるよ。

数・形・色

🍩 もっと覚えるのじゃ！

☁ **brown**	[braun] ブラウン	名 茶色 形 茶色の	5級
☁ **gray**	[grei] グレイ	名 灰色 形 灰色の	5級
☁ **pink**	[piŋk] ピンク	名 ピンク色 形 ピンク色の	5級
☁ **light blue**	[lait blúː] ライト ブルー	名 水色 形 水色の	5級
☁ **gold**	[gould] ゴウッド	名 金色，金 形 金色の，金でできた	5級
☁ **silver**	[sílvər] スィウヴァ	名 銀色，銀 形 銀色の，銀でできた	5級

文ぼう具

school supplies

5級

pencil

名 えんぴつ

[pénsl] ペンスゥ

▶ **Pencils** are the best for stabbing unko.

やはりうんこにつきさすならえんぴつが一番だ。

5級

pen

名 ペン

[pen] ペン

▶ This **pen** can even write on unko.

このペンはうんこにも字を書くことができる。

4級

eraser

名 消しゴム, 黒板消し

[iréisər] イレイサァ

▶ sprinkle **eraser** shavings over unko

消しゴムのかすをうんこの上に散らす

notebook

名 ノート

[nóutbuk] ノウトブク

▶ Fill this **notebook** with unko drawings.

このノートをうんこの絵でいっぱいにしなさい。

ink

名 インク

[iŋk] インク

▶ I spilled **ink** on the unko I borrowed from my friend.

友人から借りたうんこにインクをこぼしてしまった。

ruler

名 定規

[rú:lər] ルーラァ

▶ This **ruler** is too short to measure John's unko.

ジョンのうんこの長さを測るには，この定規は短すぎる。

glue

名 のり

[glu:] グルー

▶ Stick two pieces of unko together with **glue**.

うんことうんこをのりでくっつけます。

scissors

名 はさみ

3級

[sízərz] スィザァズ

▶ **scissors** that cut through unko really easily

とてもうんこが切りやすいはさみ

stapler

名 ホッチキス

3級

[stéiplər] ステイプラァ

▶ We'll use a **stapler** and unko for today's crafts project.

今日の工作は，ホッチキスとうんこを使います。

💩 もっと覚えるのじゃ！

crayon	[kréian] クレイアン	**名** クレヨン	4級
marker	[máːrkər] マーァカァ	**名** マーカー	
pencil case	[pénsl keis] ペンスゥ ケイス	**名** 筆箱	
pencil sharpener	[pénsl ʃáːrpənər] ペンスゥ シャーァプナァ	**名** えんぴつ けずり	
pin	[pin] ピン	**名** ピン	

小物

everyday items

身の回りのもの

5級

box

名箱

[baks] バークス

▶ Your unko is in one of the **boxes.**
どちらかの箱にきみのうんこが入っている。

5級

book

名本

[buk] ブック

▶ Someone's unko was closed in the **book.**
本を開くとだれかのうんこがはさんであった。

5級

clock

名時計

[klak] クラーック

▶ I'll hang unko on the wall instead of a **clock.**
時計の代わりにうんこをかべにかけておこう。

cup

名 カップ, 茶わん

[kʌp] カップ

▶ The **cup** broke when unko hit it.
うんこが当たってカップが割れてしまった。

⑤級

computer

[kəmpjúːtər] コンピューァァ 名 コンピューター

▶ analyze unko using a **computer**
コンピューターを使い, うんこを分せきする

⑤級

camera

名 カメラ

[kǽmərə] ケァメラ

▶ a **camera** designed for taking pictures of unko
うんこをとる専用のカメラ

⑤級

telephone

名 電話

[téləfoun] テレフォウン

▶ I'll call my mom on the **telephone** and have her bring unko.
母に電話をしてうんこを持ってきてもらいます。

⑤級

cellphone

名 けい帯
電話

[sélfoun] セゥフォウン

▶ I dropped my sister's **cellphone** on the unko.
うんこの上に姉のけい帯電話を落としてしまった。

smartphone

[smá:rtfoun] スマーァトフォウン

名 スマートフォン

▶ My brother is looking up unko on his **smartphone**.
兄がスマートフォンでうんこのことを調べている。

comic book

[kámik buk] カーミク ブック

名 まんが本

▶ My father bought a **comic book** and unko for us.
父がまんが本とうんこを買って帰ってきた。

newspaper

名 新聞

[njú:zpeipər] ニューズペイパァ

▶ burn unko wrapped in **newspaper**
新聞でうんこをくるんで燃やす

身の回りのもの

magazine

名 雑誌 5級

[mǽgəziːn] メアガズィーン

▶ I'll read a **magazine** until the unko arrives.
うんこが届くまで雑誌でも読んで待とうか。

textbook

名 教科書 5級

[tékstbuk] テクストブク

▶ do unko with **textbooks** in each hand
教科書を両手に持ってうんこをする

dictionary

名 辞書 5級

[díkʃəneri] ディクショネリィ

▶ stack unko and **dictionaries** alternately
うんこと辞書を交ごに積み重ねる

map

名 地図 5級

[mæp] メアップ

▶ This is the **map** showing where the unko is hidden.
これがうんこをかくした場所の地図だ。

ticket

名 きっぷ,
チケット

[tíkit] ティケッ

▶ You need a **ticket** to do unko here.

こちらでうんこをするにはチケットが必要です。

picture

名 写真, 絵

[píktʃər] ピクチャ

▶ I collect **pictures** of unko.

うんこの写真を集めています。

photo

名 写真

[fóutou] フォウトウ

▶ He kept taking **photos** after he did unko in his pants.

かれはうんこをもらしても写真をとり続けた。

postcard

名 はがき

[póustka:rd] ポウストカーァド

▶ a **postcard** smeared with unko

うんこまみれのはがき

calendar

名 カレンダー

5級

[kǽləndər] ケァレンダァ

▶ The day I stepped on unko is marked in the **calendar**.
うんこをふんだ日はカレンダーにメモしてある。

card

名 カード，
トランプ

5級

[ká:rd] カーァド

▶ If you draw the **card** with unko on it, you win.
うんこの絵がかかれたカードを引いたら勝ちだ。

letter

名 手紙，文字

5級

[létər] レタァ

▶ All that was written on the **letter** was "unko."
手紙には「うんこ」とだけ書いてあった。

paper

名 紙

[péipər] ペイパァ

▶ It seems that this **paper** is made out of unko.
この紙の材料は，なんとうんこらしい。

key

名 かぎ

[kiː] キー

▶ I'll hide the **key** in the unko.
かぎはうんこの中にかくしておこう。

basket

名 バスケット, かご

[bǽskit] ベアスケッ

▶ a **basket** full of unko
かごいっぱいのうんこ

plastic bag

[plǽstik bǽg] プレアスティク ベアッグ

名 ビニールぶくろ

▶ put unko in a **plastic bag** and walk around with it
ビニールぶくろにうんこを入れて持ち歩く

dish

名 皿, 料理

[díʃ] ディッシ

▶ This unko is flat like a **dish**.
お皿のように平らなうんこだ。

身の回りのもの

knife

4級

名 ナイフ

[naif] ナイフ

▶ stand a **knife** up in unko

うんこにナイフをつき立てる

最初の k は
発音しない
のじゃな。

fork

4級

名 フォーク

[fɔːrk] フォーク

▶ make three holes on unko with a **fork**

フォークでうんこに3つの穴をあける

spoon

4級

名 スプーン

[spuːn] スプーン

▶ a competitive event where you carry unko in a **spoon**

スプーンでうんこを運ぶ競技

chopsticks

4級

名 はし

[tʃápstiks] チャープスティクス

▶ He skillfully sliced the unko up using **chopsticks**.

かれははしを使って器用にうんこを切り分けた。

pan

名 なべ

[pæn] ペァン

▶ I'll use the **pan** I picked up as an unko container.

拾ってきたなべをうんこ入れに使おう。

fan

[fæn] フェァン　　名 うちわ，せん風機

▶ blow the **fan** on unko

うんこにせん風機をあてる

towel

名 タオル

[táuəl] タウエゥ

▶ Are there any **towels** that aren't covered in unko?

うんこまみれじゃないタオルはありませんか？

medicine

名 薬

[médəsən] メディスン

▶ If you take this **medicine,** you'll never do unko again.

この薬を飲むと一生うんこが出なくなります。

身の回りのもの

present

5級

[préznt] プレズント

名 プレゼント

▶ I decided on an unko-patterned sweater for the **present**.
プレゼントはうんこがらのセーターに決めた。

treasure

3級

[tréʒər] トゥレジァ

名 宝物

▶ The unko I got from my grandfather is my **treasure**.
祖父からもらったうんこはぼくの宝物だ。

money

5級

[mʌ́ni] マニィ

名 お金

▶ There is some unko that you can't get with **money**.
お金で手に入らないうんこもある。

coin

5級

[kɔin] コイン

名 こぜに,
コイン

▶ a **coin** with a picture of unko carved on it
うんこの絵が刻まれたコイン

racket

5級

名 ラケット

[rǽkit] レアケッ

▶ The teacher is playing with a **racket** with unko on it.
先生がラケットにうんこをのせて遊んでいる。

ball

5級

名 ボール

[bɔːl] ボーゥ

▶ There are no **balls,** so we'll use unko today.
ボールがないので今日はうんこを使います。

bat

5級

名 バット

[bæt] ベァッ

▶ hit unko with a **bat** as hard as you can
バットで思い切りうんこを打つ

glove

5級

名 グローブ

[glʌv] グラヴ

▶ It's hard to hold unko with a **glove** on.
グローブをはめたままだとうんこがつかみづらい。

身の回りのもの

video game

[vídiou geim] ヴィディオウ ゲイム 　名 テレビゲーム

「テレビゲーム」
とは言わないぞい。

▶ a **video game** where you control unko

うんこを操作するテレビゲーム

doll

名 人形

[dal] ダーゥ

▶ a **doll** made of unko

うんこで作った人形

robot

名 ロボット

[róubat] ロウバーッ

▶ a **robot** that uses unko to move

うんこで動くロボット

toy

名 おもちゃ

[tɔi] トイ

▶ Is unko sold in **toy** stores?

うんこはおもちゃ屋さんに売っていますか?

😺 もっと覚えるのじゃ！

| 🐱 | radio | [réidiou] レイディオウ | 名 ラジオ | 5級 |

| 🐱 | stamp | [stæmp] ステァンプ | 名 切手 | 4級 |

| 🐱 | magnet | [mǽgnit] メァグネッ | 名 磁石 | |

| 🐱 | net | [net] ネッ | 名 あみ，ネット，インターネット | |

| 🐱 | bucket | [bʌ́kit] バケッ | 名 バケツ | |

| 🐱 | piece | [pi:s] ピース | 名 かけら，一部 | |

| 🐱 | teddy bear | [tédi beər] テディ ベアァ | 名 テディベア | |

| 🐱 | marble | [máːrbl] マーボゥ | 名 ビー玉 | |

| 🐱 | balloon | [bəlúːn] バルーン | 名 風船 | 3級 |

| 🐱 | yo-yo | [jóujou] ヨウヨウ | 名 ヨーヨー | |

身の回りのもの

身につける もの

clothes and accessories

5級

T-shirt

[tíːʃəːrt] ティーシャ〜ッ

名 Tシャツ

▶ dress unko in a **T-shirt**

うんこにTシャツを着せる

5級

shirt

名 シャツ

[ʃəːrt] シャ〜ッ

▶ I placed unko on a folded dress **shirt.**

たたんだシャツの上にうんこを置いておいた。

5級

sweater

名 セーター

[swétər] スウェタァ

▶ It's a cute **sweater,** but the backside is covered in unko.

かわいいセーターだが，背中がうんこまみれだ。

vest

名 ベスト

[vest] ヴェスト

▶ I can't do unko unless I'm wearing this **vest**.
ぼくはこのベストを着ないとうんこが出ないのだよ。

jacket

名 ジャケット,
上着

4級

[dʒǽkit] ヂェアケッ

▶ The missing unko was in my **jacket** pocket.
上着のポケットに, なくしたうんこが入っていた。

身の回りのもの

dress

名 ドレス,
洋服

5級

[dres] ドゥレス

▶ Be careful you don't get unko on the **dress**.
ドレスにうんこがつかないようお気をつけください。

pants

名 ズボン

5級

[pǽnts] ペァンツ

▶ I did unko in my **pants** one second before I took them off.
ズボンをぬぐ1秒前にうんこがもれた。

shorts

名 半ズボン

[ʃɔːrts] ショーツ

▶ A boy in **shorts** is running around with unko in his hands.

半ズボンの男の子がうんこを持って走り回っている。

jeans

5級

名 ジーパン

[dʒiːnz] ヂーンズ

▶ Unko fell out of the cuffs of the **jeans**.

ジーパンのすそからうんこがこぼれてきた。

skirt

5級

名 スカート

[skəːrt] スカ〜ト

▶ I have done unko with a **skirt** on before.

ぼくはスカートをはいてうんこをしたことがある。

shoe

5級

名 くつ

[ʃuː] シュー

▶ take off your **shoes** and jump onto unko

くつをぬいで，うんこの上にとびのる

左右両方で shoes になるのじゃ。

sock

名 くつ下

[sɑk] サーック

▶ put unko in a **sock** and swing it around
くつ下にうんこを入れてふりまわす

sneaker

名 スニーカー

[sníːkər] スニーカァ

▶ My new **sneakers** are already covered in unko.
新しいスニーカーがもううんこまみれだ。

bag

名 バッグ, ふくろ

[bæg] ベァッグ

▶ We found one piece of unko after another in the **bag**.
バッグの中から次々にうんこが出てきた。

hat

名 ぼうし

[hæt] ヘァッ

▶ The cowboy put a **hat** on unko.
カウボーイがうんこにぼうしをかぶせた。

cap

5級

名（野球ぼうなどの）
ぼうし

[kæp] ケァップ

▶ catch the unko that came flying toward you with a **cap**
飛んできたうんこをぼうしでキャッチする

glasses

名 メガネ

[glǽsiz] グレァスィズ

▶ I can't see unko well without **glasses.**
メガネがないとうんこがよく見えない。

glove

名 手ぶくろ

[glʌv] グラヴ

▶ Make sure to wear **gloves** when handling hot unko.
熱いうんこを持つときは手ぶくろをつけましょう。

watch

名 うで時計
動 （じっと）見る

[wɑtʃ] ワーッチ

▶ My **watch** is smeared with unko, so I can't see the time.
うで時計がうんこまみれで読めない。

tie
名 ネクタイ

[tai] タイ

▶ My father is doing unko with a **tie** wrapped around his head.
父が頭にネクタイを巻いてうんこをしている。

scarf
名 マフラー，スカーフ

[skɑːrf] スカーフ

▶ put a **scarf** on unko
うんこにマフラーを巻きつける

handkerchief

[hǽŋkərtʃif] ヘァンカチフ
名 ハンカチ

▶ I wrapped unko in a **handkerchief** and took it home.
ハンカチでうんこを包んで持って帰った。

umbrella
名 かさ

[ʌmbrélə] アンブレラ

▶ My grandfather is doing unko with his **umbrella** open.
祖父がかさをさしてうんこをしている。

uniform

5級

名 制服

[jú:nəfɔ:rm] ユーニフォーム

▶ A woman in a **uniform** told us how to get to the unko.
制服を着た女性がうんこの方に案内してくれた。

pocket

4級

名 ポケット

[pákit] パーケッ

▶ There's nothing in my **pockets** but unko.
ポケットにはうんこしか入っていませんよ。

button

3級

名 ボタン

[bátn] バトゥン

▶ A **button** popped out of the unko.
うんこの中からボタンが出てきた。

size

5級

名 サイズ

[saiz] サイズ

▶ measure the **size** of unko with a ruler
うんこのサイズを定規で測る

ring

名 指輪

[riŋ] リング

▶ crush unko with your hand with a **ring** on it

指輪をはめた手でうんこをにぎりつぶす

backpack

名 リュックサック

[bǽkpæk] ベアックベアック

「リュック」は英語ではないのじゃ。

▶ cram unko in a **backpack**

うんこをリュックいっぱいにつめこむ

身の回りのもの

5級

clothes

名 衣服

[klouz] クロウズ

▶ I want to do unko in different **clothes** every time.

ぼくは毎回ちがう服でうんこがしたいんだ。

4級

apron

名 エプロン

[éiprən] エイプロン

▶ Always wear an **apron** when playing with unko.

うんこで遊ぶときはエプロンをつけること。

もっと覚えるのじゃ！

△ **sweatshirt**	[swétʃə:rt] スウェット シャ〜ト	名	トレーナー
△ **raincoat**	[réinkout] レインコウト	名	雨がっぱ， レインコート　4級
△ **rain boots**	[réin bu:ts] レイン ブーツ	名	（雨用の） 長ぐつ　4級
△ **boots**	[bu:ts] ブーツ	名	長ぐつ， ブーツ　5級
△ **coat**	[kout] コウト	名	コート　5級
△ **wallet**	[wálit] ワーレト	名	さいふ　4級
△ **zipper**	[zípər] ズィパァ	名	ファスナー

家
いえ
home

身の回りの
もの

5級

bed

[bed] ベッド 　名 ベッド

▶ sleep on a **bed** of unko

うんこをベッドにしてねる

身の回りのもの

5級

sofa 　名 ソファー

[sóufə] ソウファ

▶ There was unko stuck between the **sofa** cushions.

ソファーのすき間にうんこがはさまっていた。

5級

table 　名 テーブル

[téibl] テイボゥ

▶ Don't put large pieces of unko on the **table**.

大きなうんこはテーブルに置かないで。

desk

5級

[名] 机

[desk] デスク

▶ If unko comes falling down, we should hide under a **desk**.
うんこが落ちてきたときは，机の下にかくれましょう。

chair

5級

[名] いす

[tʃeər] チェアァ

▶ My friend stood on a **chair** and screamed, "Unko!"
友人がいすの上に立って「うんこ！」とさけんだ。

TV

5級

[名] テレビ

[tìːvíː] ティーヴィー

▶ Please clean up the unko before watching **TV**.
テレビを見る前にうんこを片づけなさい。

refrigerator

4級

[rifrídʒəreitər] リフリヂェレイタァ
[名] 冷蔵庫

▶ There was an old piece of unko behind the **refrigerator**.
冷蔵庫の裏側に古いうんこが落ちていた。

5級

window

名 窓

[wíndou] ウィンドウ

▶ It started raining unko, so I closed the **window**.
うんこが降ってきたので，窓を閉めました。

5級

door

名 ドア

[dɔːr] ドーア

▶ A piece of unko broke through the **door**.
うんこがドアをかん通した。

5級

wall

名 かべ

[wɔːl] ウォーゥ

▶ decorate the **wall** with your favorite unko
かべにお気に入りのうんこをかざる

5級

room

[ruːm] ルーム

名 部屋

▶ I use this **room** as an unko closet.
この部屋はうんこ置き場に使っています。

身の回りのもの

living room

5級

[líviŋ ru:m] リヴィング ルーム

名 リビング，居間

▶ I gathered all the unko in the house in the **living room**.
家の中のうんこを全部リビングに集めてみた。

bedroom

名 しん室

5級

[bédru:m] ベドゥルーム

▶ Maybe I could put a piece of unko in the **bedroom**, too.
しん室にも1個くらいうんこを置こうか。

dining room

5級

[dáiniŋ ru:m] ダイニング ルーム

名 ダイニングルーム

▶ Starting now, unko is banned from the **dining room**.
今後，ダイニングルームでのうんこを禁止します。

kitchen

名 台所

5級

[kítʃən] キチン

▶ The unko rolled toward the **kitchen**.
うんこが台所の方に転がっていった。

bathroom

名 浴室, トイレ

5級

[bǽθruːm] ベアスルーム

▶ My father is singing "The Unko Song" in the **bathroom.**
父が浴室で「うんこの歌」を歌っている。

bath

名 ふろ, 入浴

5級

[bæθ] ベアス

▶ take a **bath** with unko on your shoulders
両かたにうんこをのせて入浴する

shower

名 シャワー, にわか雨

5級

[ʃáuər] シャウアァ

▶ give unko a **shower**
うんこにシャワーを浴びせる

tap

名 (水道の) じゃ口

3級

[tæp] テアップ

▶ Unko came rushing out of the **tap.**
じゃ口からすごい勢いでうんこが出てきた。

身の回りのもの

yard

4級

[ja:rd] ヤード

名 庭

▶ The unko I put in the **yard** is gone.
庭に置いておいたうんこが消えている。

roof

5級

[ru:f] ルーフ

名 屋根, 屋上

▶ Unko fell through the **roof**.
うんこが屋根をつき破って落ちてきた。

garbage

3級

[gá:rbidʒ] ガーァベヂ

名 生ごみ

▶ Make sure to separate the perishable **garbage** and unko.
生ごみとうんこは分けて捨てること。

machine

4級

[məʃí:n] マシーン

名 機械

▶ If you put unko in this **machine**, it grinds it into powder.
この機械にうんこを入れると粉々にしてくれる。

home

副 家に，家で
名 家

[houm] ホウム

go home で「家に帰る」という意味じゃよ。

▶ Teacher, I forgot my unko at **home**.
先生，うんこを家に忘れてきてしまいました。

house

名 家，家屋

[haus] ハウス

▶ A piece of unko this big won't fit into this **house**.
こんな大きなうんこは，この家の中に入らない。

身の回りのもの

💩 もっと覚えるのじゃ！

💩 **curtain**	[kə́:rtn] カ〜トゥン	名 カーテン	
💩 **light**	[lait] ライト	名 照明，光 / 形 明るい，軽い	5級
💩 **floor**	[flɔ:r] フローァ	名 ゆか，階	5級
💩 **trash**	[træʃ] トゥレアッシ	名 ごみ	3級
💩 **gate**	[geit] ゲイト	名 門	3級
💩 **stairs**	[steərz] ステアァズ	名 階段	3級

身の回りのもの

楽器
musical instruments

5級

piano
名 ピアノ

[piǽnou] ピエァノウ

▶ I did unko to the beat of my brother's **piano.**
兄のピアノの演奏にあわせてうんこをした。

5級

guitar
名 ギター

[gitáːr] ギターァ

▶ put unko in a **guitar** case and carry it around
ギターのケースにうんこを入れて持ち運ぶ

recorder
名 リコーダー

[rikɔ́ːrdər] リコーダァ

▶ a boy who plays the **recorder** while doing unko
うんこをしながらリコーダーをふく少年

violin

名 バイオリン

5級

[vaiəlín] ヴァイオリン

▶ My father is playing the **violin** to unko.
父がうんこにバイオリンを聞かせている。

musical instrument

3級

[mjúːzikəl ínstrumənt] ミューズィカゥ インストゥルメント

名 楽器

▶ Unko can serve as a **musical instrument**.
うんこは楽器にもなる。

もっと覚えるのじゃ！

drum	[drʌm] ドゥラム	名 ドラム, たいこ	5級
flute	[fluːt] フルート	名 フルート	5級
castanets	[kæstənéts] ケァスタネッ	名 カスタネット	
triangle	[tráiæŋgl] トゥライ エァンゴゥ	名 トライアングル, 三角形	
harmonica	[hɑːrmánikə] ハーアマニカ	名 ハーモニカ	
xylophone	[záiləfoun] ザイロフォウン	名 木きん	

身の回りのもの

情報など

information

---

information

名 情報

4級

[ìnfərméiʃən] インフォメイション

▶ I got **information** regarding the legendary piece of unko.
伝説のうんこについての情報を手に入れた。

---

news

名 知らせ,
ニュース

4級

[njuːz] ニューズ

▶ There are 3 pieces of **news** concerning unko today.
今日はうんこに関するお知らせが3つあります。

Internet

名 インター
ネット

5級

[íntərnet] インタネッ

▶ look for images of unko on the **Internet**
インターネットでうんこの画像を探す

最初を強く
読むのじゃ。

e-mail

名 E メール
動 E メールを送る

[íːmeil] イーメイゥ

▶ The **e-mail** said nothing but "unko."
　Eメールには「うんこ」としか書いてなかった。

5級

mail

名 郵便,
　郵便物

[meil] メイゥ

▶ Unko was delivered mixed with the other pieces of **mail**.
　郵便物にまぎれてうんこが届いた。

5級

身の回りのもの

idea

名 考え,
　アイデア

[aidíːə] アイディーア

▶ It's a good **idea** that you apply unko to your sole.
　足の裏にうんこをぬるとは, いいアイデアだ。

5級

name

名 名前
動 名前をつける

[neim] ネイム

▶ I give my unko a **name** before flushing.
　ぼくはうんこに名前をつけてから流します。

5級

message

名 メッセージ, 伝言 · 4級

[mésidʒ] メセヂ

▶ I'll write a **message** on the unko and give it to her.
うんこにメッセージを書いてかの女にわたそう。

language

名 言語 · 4級

[læŋgwidʒ] レァングウィヂ

▶ This unko seems to understand **language**.
このうんこは言語を理解しているようだ。

sign language

[sain læŋgwidʒ] サイン レァングウィヂ

名 手話

▶ talk to unko through **sign language**
うんこに手話で話しかける

culture

名 文化 · 4級

[kʌ́ltʃər] カルチァ

▶ **Culture** has developed this far thanks to unko.
うんこのおかげで文化は発展してきた。

example

4級

名 例

[ɪgzǽmpl] イグゼアンポゥ

▶ I'll show you an **example** of unko with intelligence.
知能を持ったうんこの一例をお見せしましょう。

advice

3級

名 アドバイス, 助言

[ədváis] アドゥヴァイス

▶ I got the ultimate **advice** on unko.
うんこに関して最高のアドバイスをもらえた。

opinion

3級

名 意見

[əpínjən] オピニョン

▶ Is there anyone else with an **opinion** on unko?
他にうんこについて意見のある人はいますか?

身の回りのもの

problem

4級

名 問題

[prάbləm] プラーブレム

▶ What's the **problem** with my unko?
ぼくのうんこの何が問題なんですか?

matter

3級

[mǽtər] メァタァ

名 問題

▶ Where to put unko is an important **matter.**
うんこをどこに置くかは大事な問題だ。

word

4級

[wə:rd] ワ～ァド

名 ことば，単語

▶ Does everyone know the **word** "unko"?
みなさんは「うんこ」ということばを知っていますか?

story

4級

[stɔ́:ri] ストーリィ

名 話，物語

▶ a **story** starring a hero with unko for a face
顔がうんこのヒーローが活やくする物語

question

5級

[kwéstʃən] クウェスチョン

名 質問

▶ When you have a **question**, please yell, "unko."
質問がある人は「うんこ」とさけんでください。

speech

名 スピーチ, 講演

4級

[spiːtʃ] スピーチ

▶ The principal is making a **speech** while holding in his unko.
校長先生がうんこをがまんしながらスピーチしている。

quiz

名 クイズ

4級

[kwiz] クウィズ

▶ If you answer the **quiz** correctly, you will get unko.
クイズに正解するとうんこがもらえるよ。

program

名 プログラム, 計画

4級

[próugræm] プロウグレァム

▶ do unko according to the **program** we made last week
先週作ったプログラム通りにうんこをする

reason

名 理由

3級

[ríːzn] リーズン

▶ There is a **reason** I'm carrying unko around with me.
うんこを持ち歩いているのには理由があるんです。

身の回りのもの

4級

sound

名 音（おと）
動 ～のように聞（き）こえる

[saund] サウンド

▶ The **sound** of my father's unko is like thunder.
父（ちち）のうんこの音（おと）はかみなりのようだ。

3級

meaning

名 意味（いみ）

[míːniŋ] ミーニング

▶ look up the **meaning** of the word "unko" in the dictionary
辞書（じしょ）で「うんこ」ということばの意味（いみ）を調（しら）べる

3級

difference

名 ちがい

[dífərəns] ディファレンス

▶ Do you know the **difference** between these pieces of unko?
この２つのうんこのちがいがわかりますか？

3級

memory

名 思（おも）い出（で），記（き）おく

[méməri] メモリィ

▶ My **memory** of doing unko in my pants here is a good one.
ここでうんこをもらしたのもいい思（おも）い出（で）だ。

dream

名 夢

[dri:m] ドゥリーム

▶ I saw your unko in my **dream** yesterday.

昨日，夢にきみのうんこが出てきたよ。

4級

sign

名 標識，記号
動 署名をする

[sain] サイン

▶ The **sign** was covered in unko so I couldn't read it.

標識がうんこまみれで読めなかったんです。

4級

plan

名 計画，プラン

[plæn] プレァン

▶ My **plan** is to collect a thousand pieces of unko this year.

ぼくの計画では，今年じゅうにうんこが 1000 個集まる。

3級

schedule

名 スケジュール，予定

[skédʒuːl] スケデューゥ

▶ His **schedule** is filled with doing unko.

かれのスケジュールはうんこの予定でいっぱいです。

experience

名 経験
動 経験する

3級

[ikspíəriəns] イクスピアリエンス

▶ Do you have any **experience** grabbing unko?
きみはうんこをつかんだ経験はあるか?

chance

名 チャンス,
機会

3級

[tʃæns] チェアンス

▶ I missed a great **chance** to get my unko back.
うんこを取り返す絶好のチャンスだったのに。

🐛 もっと覚えるのじゃ!

🌥 **prize**	[praiz] プライズ	名 賞	3級
🌥 **graph**	[græf] グレアフ	名 グラフ	3級
🌥 **trouble**	[trʌbl] トゥラボゥ	名 心配ごと, 困りごと	3級
🌥 **custom**	[kʌstəm] カスタム	名 慣習	3級

ひと
人

からだ
体

the body

5級

nose

名 鼻^{はな}

[nouz] ノウズ

▶ The stunt man puts his **nose** close to the unko.

スタントマンがうんこに鼻^{はな}を近^{ちか}づけていく。

5級

eye

名 目^め

[ai] アイ

▶ If you look carefully, this unko has **eyes.**

このうんこ，よく見^みると目^めがあるよ。

人

5級

mouth

名 口^{くち}

[mauθ] マウス

▶ Can you say "unko" with your **mouth** closed?

口^{くち}を閉^とじたまま「うんこ」と言^いえますか？

one hundred and twenty-five **125**

teeth

5級

名 歯

[ti:θ] ティース

> This unko has grown **teeth.**
> うんこに歯が生えてきた。

歯1本のことは tooth と言うのじゃ。

ear

5級

名 耳

[iər] イアァ

> plug your **ears** with unko
> 耳の穴にうんこをつめこむ

face

5級

名 顔

[feis] フェイス

> draw a **face** on unko with a crayon
> うんこにクレヨンで顔をかく

hair

5級

名 かみの毛

[heər] ヘアァ

> I have unko tangled in my **hair.**
> かみの毛にうんこがからまった。

head

名 頭

[hed] ヘッド

▶ dive **head**-first into unko
うんこに頭からつっこむ

hand

名 手

[hænd] ヘァンド

▶ I can wipe up unko without using my **hands.**
ぼくは手を使わないでうんこをふけます。

neck

名 首

[nek] ネック

▶ The singer appeared with unko wrapped around her **neck.**
歌手がうんこを首に巻きつけて登場した。

shoulder

名 かた

[ʃóuldər] ショウゥダァ

▶ The one to have the unko fall off their **shoulder** loses.
かたにのせたうんこが落ちた方が負けね。

人

leg

5級

名 あし

[leg] レッグ

▶ I walked with unko between my **legs**.
あしの間にうんこをはさんだまま歩いた。

足首から上の部分をさすのじゃ。

foot

名 足

[fut] フット

▶ I'll wash the unko on the underside of your **foot** well.
足の裏についたうんこをよく洗おう。

finger

名 手の指

[fɪŋgər] フィンガァ

▶ First, poke a hole in the unko with your **finger**.
まず，うんこに指で穴をあけます。

knee

名 ひざ

[niː] ニー

▶ crush unko with both **knees**
両ひざでうんこをつぶす

voice

名 声 こえ

[vɔis] ヴォイス

▶ Someone is yelling "unko" in a high-pitched **voice**.
だれかがかん高い声で「うんこ」とさけんでいる。

body

名 体 からだ

[bɑ́di] バーディ

▶ smear unko over your entire **body**
体全体にうんこをよくぬりこむ

 もっと覚えるのじゃ！

☁ **toe**	[tou] トウ	名	つま先，足の指
☁ **lip**	[lip] リップ	名	くちびる
☁ **arm**	[ɑ:rm] アーァム	名	うで ５級
☁ **bottom**	[bɑ́təm] バートム	名	おしり
☁ **wing**	[wiŋ] ウィング	名	つばさ，羽 ３級
☁ **tail**	[teil] テイゥ	名	しっぽ ３級

人

人 (ひと)

家族・友だち (かぞく・ともだち)

family・friends

5級

father

[fá:ðər] ファーザァ

名 父 (ちち)

▶ If you ask my **father**, he can get you any sort of unko.

父に言えば，どんなうんこでも用意できます。

5級

mother

[mʌ́ðər] マザァ

名 母 (はは)

▶ My **mother** was ironing unko.

母がうんこにアイロンをかけていた。

5級

dad

[dæd] デァド

名 パパ

▶ **Dad**, let's play catch with unko!

パパ，うんこでキャッチボールしよう！

dad や mom
は呼びかけで
使うぞ。

mom

名 ママ

[mɑm] マーム

▶ **Mom,** that unko just talked.

ママ, 今うんこがしゃべったよ。

brother

名 兄, 弟

[brʌ́ðər] ブラザァ

▶ The unko of **brothers** is very similar.

兄弟のうんこはよく似ています。

sister

名 姉, 妹

[sístər] スィスタァ

▶ I forgot my unko in my **sister**'s room.

姉の部屋にうんこを忘れてきた。

姉も妹も
sister
なんじゃな。

人

baby

名 赤ちゃん

[béibi] ベイビィ

▶ hold unko like a **baby**

うんこを赤ちゃんのようにだっこする

grandfather

⑤級

[grǽndfɑːðər] グレァンファーザァ

名 祖父（そ ふ）

▶ My **grandfather** showed me a picture of old unko.
祖父（そ ふ）が古（ふる）いうんこの写真（しゃ しん）を見（み）せてくれた。

grandmother

⑤級

[grǽndmʌðər] グレァンマザァ

名 祖母（そ ぼ）

▶ My **grandmother** is tying three pieces of unko together.
祖母（そ ぼ）がうんこを 3 個（こ）ずつしばっている。

parent

名 親（おや）

[péərənt] ペアレント

▶ I can't show this unko to my **parents**.
このうんこは親（おや）には見（み）せられない。

⑤級

grandparent

③級

[grǽndpeərənt] グレァンペアレント

名 祖父母（そ ふ ぼ）

▶ precious unko my **grandparents** gave me
祖父母（そ ふ ぼ）からもらった大事（だい じ）なうんこ

son

[sʌn] サン

名 むすこ

▶ He is walking around with his **son**'s unko in his wallet.

かれはむすこのうんこをさいふに入れて持ち歩いている。

daughter

[dɔ́:tər] ドータァ

名 むすめ

▶ The unko painting I got from my **daughter** is my treasure.

むすめからもらったうんこの絵は宝物だ。

uncle

[ʌ́ŋkl] アンコゥ

名 おじ

読み方は
「ウンクレ」
じゃないぞ。

▶ My **uncle** can let out 5 pieces of unko at once.

私のおじは, うんこを5個同時に出せます。

aunt

人

[ænt] エァント

名 おば

▶ I've seen foreign unko at my **aunt**'s house before.

おばの家で, 外国のうんこを見たことがある。

cousin

[kʌ́zn] カズン

名 いとこ

▶ Now that all of us **cousins** are here, let's do unko.
いとこが全員そろったので，うんこでもしよう。

family

[fǽməli] フェァミリィ

名 家族

▶ homework to draw a picture of your **family**'s unko
家族のうんこを絵にかく宿題

boy

[bɔi] ボイ

名 男の子

▶ A **boy** is twirling unko around on the roof.
男の子が屋上でうんこをふり回している。

girl

[gəːrl] ガ〜ゥ

名 女の子

▶ a **girl** who can control unko at will
うんこを自由自在にあやつれる女の子

child

名 子ども

[tʃaild] チャイウド

▶ When I have a **child**, I'll give them this unko.

いつか子どもができたら，このうんこをあげよう。

children

名 子どもたち

[tʃíldrən] チゥドゥレン

▶ For our **children**'s future, we should take care of unko.

子どもたちの未来のためにも，うんこを大切に。

friend

名 友だち

[frend] フレンド

▶ The **friends** huddle together and do unko.

友だちとかたを組んでうんこをする。

classmate

名 クラス
メイト

[klǽsmeit] クレァスメイト

▶ I won't show unko to someone who's not my **classmate**.

クラスメイトじゃない人にうんこは見せないよ。

人

man 名 男性 5級

[mæn] メアン

▶ Who is that **man** who is doing unko in the lawn?
庭でうんこをしている男性はだれですか?

woman 名 女性 5級

[wúmən] ウマン

▶ The first **woman** to get here will receive free unko.
先着1名の女性にうんこをプレゼント。

pet 名 ペット 5級

[pet] ペッ

▶ Is dog unko sold at **pet** shops?
犬のうんこはペットショップで売っていますか?

Mr. 名 (男性につけて) ～さん, ～先生 5級

[místər] ミスタァ

▶ **Mr.** Masuda always compliments me on my unko.
増田先生はいつもぼくのうんこをほめてくれる。

Ms.

5級

名 (女性につけて)
〜さん,
〜先生

[miz] ミズ

▶ Please deliver this unko to **Ms.** Wood.
このうんこをウッド先生に届けてください。

group

4級

名 集団,
グループ

[gru:p] グループ

▶ a music **group** that dances while holding unko
うんこを持っておどるアイドルグループ

member

4級

名 一員,
メンバー

[mémbər] メンバァ

▶ I'm a **member** of the "Go See the Principal's Unko" club.
私は「校長先生のうんこを見に行く会」の一員だ。

people

5級

名 人々

[pí:pl] ピーポゥ

▶ a job where you distribute unko to **people**
人々にうんこを配る職業

人

人
ひと

職業
しょく ぎょう

jobs

5級

teacher

名 先生
せん せい

[tíːtʃər] ティーチァ

▶ The **teacher** is doing unko on top of the monkey bars.
先生がうんていの上でうんこをしている。
せん せい　　　　　　　　　　うえ

5級

doctor

名 医者
い じゃ

[dáktər] ダークタァ

▶ a **doctor** who operates on unko
うんこを手術するお医者さん
しゅじゅつ　　　い じゃ

5級

pilot

名 パイロット

[páilət] パイロッ

▶ **Pilot** unko costs 1,800 yen a piece.
パイロットのうんこは 1 個 1800 円になります。
こ　　　　　えん

5級

police officer

[pəlíːs ɔ́ːfisər] ポリーソーフィサァ

名 警察官

▶ The **police officers** are having a conversation about unko.

警察官たちがうんこの話でもりあがっている。

5級

nurse

名 看護師

[nə́ːrs] ナ〜ス

▶ A **nurse** hooked my unko up to an IV drip.

看護師がぼくのうんこに点てきを打ってくれた。

5級

singer

名 歌手

[síŋər] スィンガァ

▶ A popular **singer** is singing while doing unko in his pants.

人気歌手がうんこをもらしながら歌っています。

musician

名 音楽家,
ミュージシャン

[mjuːzíʃən] ミューズィシャン

▶ Let's go see a foreign **musician**'s unko.

外国のミュージシャンのうんこを見に行こう。

人

artist

4級

名 芸術家,
アーティスト

[áːrtist] アーァティスト

▶ An **artist** with unko in both hands is yelling something.
うんこを両手に持った芸術家が何かさけんでいる。

cook

5級

名 料理人
動 料理する

[kuk] クック

▶ The **cook** gazed at the unko with her arms crossed.
料理人がうんこを見つめてうで組みしていた。

vet

5級

名 じゅう医

[vet] ヴェッ

▶ Not even a **vet** can cure unko.
いくらじゅう医さんでもうんこは治せない。

florist

5級

名 花屋さん

[flɔ́ːrist] フローリスト

▶ The **florist** put flowers in the unko for me.
花屋さんがうんこに花をさしてくれました。

farmer

名 農家の人

[fáːrmər] ファーアマァ

▶ I got a large amount of unko from the **farmer**.
農家の人から大量のうんこをもらった。

baker

名 パン屋さん

[béikər] ベイカァ

▶ The **baker** is baking the unko to a nice golden brown.
パン屋さんがうんこをこんがり焼いている。

driver

名 運転士

[dráivər] ドゥライヴァ

▶ A **driver** got in a train with unko.
運転士がうんこを持って電車に乗りこんだ。

bus driver

名 バスの
運転手

[bʌs dráivər] バス ドゥライヴァ

▶ a **bus driver** who perfectly evades unko while driving
見事にうんこをさけて走るバスの運転手

人

astronaut

[ǽstrənɔːt] エァストロノート

名 宇宙飛行士

▶ an **astronaut** who spins around with unko in her hands
うんこを持ってくるくる回る宇宙飛行士

comedian

[kəmíːdiən] コミーディアン

名 お笑い芸人, コメディアン

▶ The **comedian** is drowning in the unko pool.
お笑い芸人がうんこのプールでおぼれている。

flight attendant

[flait əténdənt] フライタテンダント

名 (飛行機の) 客室乗務員

▶ I did unko in my pants, so let's call a **flight attendant**.
うんこがもれたので客室乗務員を呼ぼう。

designer

名 デザイナー

[dizáinər] ディザイナァ

▶ The unko of fashion **designers** is fancy.
ファッションデザイナーのうんこはおしゃれだ。

baseball player

[béisbɔːl pléiər] ベイスボーゥ プレイアァ

名 野球選手

▶ The **baseball player** signed my unko.

野球選手がぼくのうんこにサインしてくれた。

soccer player

[sákər pléiər] サーッカァ プレイアァ

名 サッカー選手

▶ a **soccer player** who juggles unko

うんこをリフティングするサッカー選手

figure skater

[fígjər skéitər] フィギュア スケイタァ

名 フィギュアスケートの選手

▶ give flowers and unko to the **figure skater**

フィギュアスケートの選手に花とうんこをわたす

dentist

名 歯医者

[déntist] デンティスト

▶ The **dentist** is using a drill to drill a hole in the unko.

歯医者さんがドリルでうんこをけずっている。

pianist

名 ピアニスト

[piǽnist] ピ**エア**ニスト

▶ a **pianist** performing while holding unko

うんこをがまんして演奏を続けるピアニスト

scientist

名 科学者

[sáiəntist] サイエンティスト

sc のつづりに
注意じゃ。

▶ He is a **scientist** who researches unko.

かれはうんこを研究する科学者だ。

zookeeper

名 動物園の
飼育員

[zú:ki:pər] ズーキーパァ

▶ That is the unko of our **zookeeper**.

そちらはこの動物園の飼育員のうんこでございます。

programmer

[próugræmər] プロウグレァマァ

名 プログラマー

▶ The **programmer** is taking a break on top of unko.

プログラマーがうんこの上で休けいしている。

fisher

4級

名 漁師, つり人

[fíʃər] フィシァ

▶ A **fisher** reeled in a huge piece of unko.
つり人がきょ大なうんこをつり上げた。

king

3級

名 王

[kiŋ] キング

▶ Looking directly at the **king**'s unko is not allowed.
王のうんこを直接見ることは許されない。

queen

3級

名 女王

[kwiːn] クウィーン

▶ The **queen** waved her hand at my unko.
女王様がぼくのうんこに手をふってくれた。

volunteer

4級

名 ボランティア

[vɑləntíər] ヴァーランティアァ

▶ We are seeking **volunteers** to do unko at the park.
公園でうんこをしてくれるボランティアをぼ集します。

carpenter
[kάːrpəntər] カーァペンタァ
名 大工

▶ A **carpenter** is driving a nail into unko.
大工さんがうんこにくぎをさしている。

4級

actor
[ǽktər] エァクタァ
名 俳優

▶ a big-name **actor** who plays the role of unko
うんこの役を演じる大物俳優

game creator
[géim krièitər] ゲイム クリエイタァ
名 ゲームクリエイター

▶ I want to be a **game creator** and make a game about unko.
ゲームクリエイターになってうんこのゲームを作りたい。

4級

job
[dʒɑb] ヂャーブ
名 仕事，職業

▶ I wonder if unko differs by **job**.
職業によってうんこはちがうのかな。

△ **engineer**	[endʒíníər] エンヂニア	名	エンジニア, 技師
△ **chef**	[ʃef] シェフ	名	料理人, シェフ
△ **cartoonist**	[kɑːrtúːnist] カーアトゥーニスト	名	まんが家
△ **hairdresser**	[héərdresər] ヘアドゥレサァ	名	美容師
△ **writer**	[raitər] ライタァ	名	作家 ④級
△ **firefighter**	[fáiərfaitər] ファイアファイタァ	名	消防士 ⑤級
△ **pastry chef**	[péistri ʃef] ペイストゥリィシェフ	名	パティシエ, パティシエール
△ **nursery school teacher**	[nɔ́ːrsəri skuːl tíːtʃər] ナ～サリィスクーゥティーチァ	名	保育士
△ **groomer**	[grúːmər] グルーマァ	名	ペットの 美容師
△ **office worker**	[ɔ́ːfis wɔ́ːrkər] オーフィスワ～カァ	名	会社員, 公務員
△ **clerk**	[kləːrk] クラ～ク	名	店員
△ **salesperson**	[séilzpəːrsn] セイルズパ～スン	名	はん売員

人

学校（がっこう）

校舎（こうしゃ）

school

5級

classroom

名 教室（きょうしつ）

[klǽsru:m] クレァスルーム

▶ There is unko hanging from the ceiling in the **classroom**.
教室（きょうしつ）の天（てん）じょうからうんこがぶら下（さ）がっている。

music room

名 音楽室（おんがくしつ）

[mjú:zik ru:m] ミューズィク ルーム

▶ Someone smeared the piano in the **music room** in unko.
だれかが音楽室（おんがくしつ）のピアノをうんこまみれにした。

computer room

[kəmpjú:tər ru:m] コンピューターァ ルーム 名 コンピュータールーム

▶ Bring your unko and gather in the **computer room**.
うんこを持（も）ってコンピュータールームに集合（しゅうごう）。

restroom

名 トイレ

[réstru:m] レストゥルーム

▶ I did unko in my pants, but I will go to the **restroom**.
うんこはもれたが，トイレには行く。

school nurse's office

[skú:l nə:rsiz ɔ́:fis] スクーゥ ナ～スィゾーフィス

名 保健室

▶ Let's talk about unko in the **school nurse's office**.
保健室でうんこの話でもしようか。

teachers' office

[ti:tʃərz ɔ́:fis] ティーチャゾーフィス

名 職員室

▶ smear your body in unko and enter the **teachers' office**
うんこを全身に巻いて職員室に入る

entrance

名 しょう降口

[éntrəns] エントゥランス

▶ The **entrance** was blocked off by a huge piece of unko.
きょ大なうんこでしょう降口がふさがってしまった。

playground

名 校庭

[pléigraund] プレイグラウンド

▶ The principal is covering the **playground** with unko.
校長先生が校庭にうんこをしきつめている。

blackboard

名 黒板

[blǽkbɔːrd] ブラックボード

▶ A piece of unko broke through the **blackboard**.
うんこが黒板をつき破った。

💩 もっと覚えるのじゃ！

principal's office	[prínsəpəlz ɔ́ːfis] プリンスィパゥ ゾーフィス	名 校長室
science room	[sáiəns ruːm] サイエンス ルーム	名 理科室
cooking room	[kúkiŋ ruːm] クキング ルーム	名 調理室
arts and crafts room	[áːrts ənd krǽfts ruːm] アーツァン クレフツ ルーム	名 図工室
lunch room	[lʌ́ntʃ ruːm] ランチ ルーム	名 食堂
exit	[égzit] エグズィッ	名 出口

教科・授業

subjects・classes

English

5級

名 英語
形 英語の

[íŋɡliʃ] イングリッシュ

▶ It was during **English** class that I did unko in my pants.
うんこがもれたのは英語の授業のときです。

Japanese

5級

名 国語，日本語
形 日本語の

[dʒæpəníːz] ヂェァパニーズ

▶ I learned the word "unko" in **Japanese** class today.
今日，国語の授業で「うんこ」ということばを知った。

science

5級

名 理科

[sáiəns] サイエンス

▶ This unko is used in **science** class experiments.
このうんこは理科の実験で使うものです。

social studies

[sóuʃəl stʌ̀diz] ソウシャウ スタディズ

名 社会

▶ I learned about unko around the world during **social studies**.
社会の時間に世界のうんこについて学んだ。

math

名 算数

[mæθ] メアス

▶ scoop up unko with the **math** textbook
算数の教科書でうんこをすくいあげる

P.E.

名 体育

読み方は「ペ」
ではないぞい。

[píːíː] ピーイー

▶ For **P.E.** today the whole class will do unko.
今日の体育は, クラス全員でうんこをします。

music

名 音楽

[mjúːzik] ミューズィク

▶ In today's **music** class, we will make sound with unko.
今日の音楽は, うんこで音を出します。

home economics

[houm i:kənámiks] ホウミコナミクス

名 家庭科

▶ In today's **home economics** class, we will iron unko.
今日の家庭科は，うんこにアイロンをかけます。

arts and crafts

[á:rts ənd kræfts] アーァツァン クレァフツ

名 図画工作（図工）

▶ In today's **arts and crafts** class, we will make unko with clay.
今日の図工は，ねん土でうんこを作ります。

5級

history

名 歴史

[hístəri] ヒストゥリィ

▶ A piece of unko this large is unusual throughout **history**.
歴史上でもここまで大きなうんこはめずらしい。

5級

subject

名 教科，
主題，テーマ

[sábdʒikt] サブヂェクト

▶ I wonder why there's no "unko" **subject**.
どうして「うんこ」という教科がないのだろう。

学校

homework

名 宿題

[hóumwə:rk] ホウムワ～ク

▶ **homework** to take notes on your family's unko
家族のうんこをノートにかき写す宿題

student

名 児童，生徒

[stjúːdənt] ステューデント

▶ alternately line up the **student**'s unko and the teacher's
児童のうんこと先生のうんこを交ごに並べる

class

名 クラス，授業

[klǽs] クレァス

▶ We usually talk about unko between **classes**.
授業と授業の間はだいたいうんこの話をしています。

lesson

名 レッスン，授業

[lésn] レスン

▶ I can't play today because I have an unko **lesson**.
今日はうんこのレッスンがあるから遊べないよ。

test

名 テスト

[test] テスト

▶ wrap up unko in a **test** sheet
テスト用紙でうんこをくるむ

exam

名 試験

[igzǽm] イグゼアム

▶ If you pass this **exam**, I'll give you my unko.
この試験に合格したら、私のうんこをあたえよう。

💩 もっと覚えるのじゃ！

moral education	[mɔ́ːrəl edʒukéiʃən] モーラ レヂュケイション	名 道徳
calligraphy	[kəlígrəfi] カリグラフィ	名 書写
period for integrated study	[píəriəd fər íntəgreitid stádi] ピアリオド フォ インテグレイティド スタディ	名 総合的な学習の時間
homeroom	[hóumruːm] ホウムルーム	名 ホームルーム、学級活動
alphabet	[ǽlfəbet] エアゥファベット	名 アルファベット
chalk	[tʃɔːk] チョーク	名 チョーク

学校

クラブ活動・部活動
club activities

baseball team

[béisbɔːl tiːm] ベイスボーゥ ティーム

名 野球部（やきゅうぶ）

▶ A member of the **baseball team** is sliding to unko.
野球部員（やきゅうぶいん）がうんこに向（む）かってスライディングしている。

soccer team

[sákər tiːm] サーッッカァ ティーム

名 サッカー部（ぶ）

▶ A member of the **soccer team** is polishing unko.
サッカー部員（ぶいん）がうんこをみがいている。

tennis team

[ténis tiːm] テニス ティーム

名 テニス部（ぶ）

▶ The **tennis team** is hitting unko with rackets.
テニス部員（ぶいん）がラケットでうんこを打（う）っている。

basketball team

[bǽskitbɔːl tiːm] ベァスキッボーゥ ティーム **名** バスケットボール部

▶ A member of the **basketball team** is rolling unko with his finger.
バスケットボール部員が指でうんこをくるくる回している。

track and field team

[trǽk ənd fíːld tiːm] トレァッカンフィーゥド ティーム **名** 陸上部

▶ A member of the **track and field team** is dashing with unko.
陸上部員がうんこを持ってダッシュしている。

art club

名 美術部, 芸術部

[ɑːrt klʌb] アーァト クラブ

▶ There's a lot of unko in the **art club**'s room.
うんこなら，美術部の部室にいっぱいあるよ。

newspaper club

[njúːzpeipər klʌb] ニューズペイパァ クラブ **名** 新聞部

▶ The **newspaper club** came to do a story on my unko.
新聞部がぼくのうんこを取材に来た。

brass band

[bræs bænd] ブレァス ベァンド 　名 すい奏楽部, ブラスバンド

▶ There's unko on the stage, so the **brass band** can't perform.
ぶ台上にうんこがあって, すい奏楽部が演奏できない。

chorus

名 合唱部, 合唱

[kɔ́ːrəs] コーラス

▶ No one will notice if you do unko in your pants during **chorus**.
合唱中にうんこをもらしてもだれも気づかないさ。

cooking club

[kúkiŋ klʌb] クキング クラブ

名 料理部

▶ Talk about unko in front of the **cooking club** and they'll get mad.
料理部員の前でうんこの話をするとおこるよ。

club activity

[klʌb æktívəti] クラベァクティヴィティ　名 クラブ活動, 部活動

▶ Try hard during **club activities**, and you can get the principal's unko.
クラブ活動をがんばれば, 校長先生のうんこがもらえる。

😊 もっと覚えるのじゃ！

△	**badminton team**	[bǽdmintn tìːm] ベァドゥミントゥ ン ティーム	名 バドミン トン部
△	**volleyball team**	[vάlibɔ̀ːl tìːm] ヴァーリボーゥ ティーム	名 バレー ボール部
△	**table tennis team**	[téibl tènis tìːm] テイボゥ テニス ティーム	名 たっ球部
△	**softball team**	[sɔ́ːftbɔ̀ːl tìːm] ソーフトボーゥ ティーム	名 ソフト ボール部
△	**dance team**	[dǽns tìːm] デァンス ティーム	名 ダンス部
△	**gymnastics team**	[dʒimnǽstiks tìːm] ヂムネァスティクス ティーム	名 体操部
△	**science club**	[sáiəns klʌ̀b] サイエンス クラブ	名 科学部
△	**computer club**	[kəmpjúːtər klʌ̀b] コンピュータァ クラブ	名 コンピュー ター部
△	**drama club**	[drάːmə klʌ̀b] ドゥラーマ クラブ	名 演劇部
△	**photography club**	[fətάgrəfi klʌ̀b] フォターグラフィ クラブ	名 写真部
△	**calligraphy club**	[kəlígrəfi klʌ̀b] カリグラフィ クラブ	名 書道部
△	**broadcasting club**	[brɔ́ːdkæstiŋ klʌ̀b] ブロードゥキャス ティング クラブ	名 放送部

学校

学校行事
がっこう ぎょうじ

school events

entrance ceremony

[éntrəns sérəmouni] エントゥランスセレモウニィ

名 入学式（にゅうがくしき）

▶ I haven't done unko once since the **entrance ceremony**.
ぼくは入学式の日から一度もうんこをしていない。

drama festival

[drá:mə féstəvəl] ドゥラーマ フェスティヴァゥ

名 学芸会（がくげいかい）

▶ At the **drama festival,** everyone in my class played as unko.
学芸会で，ぼくらのクラスは全員うんこの役でした。

field trip

名 遠足（えんそく）

[fí:ld trip] フィードゥ トゥリップ

▶ I couldn't stop doing unko on the day of the **field trip**.
遠足の日にかぎって，朝からうんこが止まらない。

school trip
名 修学旅行

[skú:l trip] スクーゥ トゥリップ

▶ We all talked about unko on the night of the **school trip**.
修学旅行の夜，みんなでうんこの話をしたね。

music festival

[mjú:zik féstəvəl] ミューズィク フェスティヴァゥ
名 音楽会

▶ It's a **music festival**—why do we need unko?
どうして音楽会なのにうんこが必要なんですか？

chorus contest

[kó:rəs kántest] コーラス カーンテスト
名 合唱大会

▶ People who have unko cannot participate in the **chorus contest**.
うんこを持っている方は合唱大会に参加できません。

sports day
名 運動会

[spó:rts dei] スポーツ デイ

▶ Unko rolling was the most popular event on **sports day**.
運動会ではうんこ転がしが一番盛り上がった。

学校

swimming meet

[swímiŋ miːt] スウィミング ミート

名 水泳大会

▶ The **swimming meet** was canceled because some unko was on the pool.
プールにうんこが浮いていたため水泳大会は中止になった。

volunteer day

[vɑləntíər dei] ヴァーランティア デイ

名 ボランティアデー

▶ On **volunteer day**, we pick up unko around the whole city.
ボランティアデーに，街じゅうのうんこを拾う。

graduation ceremony

[grædʒuéiʃən sérəmouni] グラァヂュエイション セレモウニィ

名 卒業式

▶ We threw our unko into the air at the **graduation ceremony**.
卒業式で，うんこを空に放り上げた。

4級

summer vacation

[sámər veikéiʃən] サマァ ヴェイケイション

名 夏休み

▶ It's **summer vacation**, when we can do unko anytime.
うんこし放題の夏休みだ。

meeting

名 会議

[míːtiŋ] ミーティング

▶ a **meeting** to decide on a new name for unko
うんこの新しい呼び方を決める会議

contest

名 コンテスト

[kántest] カーンテスト

▶ My brother's unko came in first place at the **contest.**
兄のうんこがコンテストで1位になった。

💩 もっと覚えるのじゃ！

cultural festival	[kʌ́ltʃərəl féstəvəl] カゥチュラゥ フェスティヴァゥ	名	文化祭
school festival	[skúːl féstəvəl] スクーゥ フェスティヴァゥ	名	学園祭
fire drill	[fáiər dril] ファイア ドゥリゥ	名	（火災の）ひ難訓練
speech contest	[spíːtʃ kántest] スピーチ カンテスト	名	スピーチコンテスト
winter vacation	[wíntər veikéiʃən] ウィンタァ ヴェイケイション	名	冬休み
school event	[skúːl ivént] スクーゥ イヴェント	名	学校行事

学校

月・季節
months・seasons

5級

January

名 1月

[dʒǽnjueri] ヂェアニュエリィ

▶ I got ahold of an unusual piece of unko this **January**.
今年の 1 月，めずらしいうんこを手に入れた。

5級

February

名 2月

[fébrueri] フェブルエリィ

▶ The piece of unko started crawling in **February**.
2 月になると，うんこがもぞもぞ動き出した。

5級

March

名 3月

[mɑːrtʃ] マーァチ

▶ In **March,** the piece of unko started getting bigger.
3 月ごろ，うんこが少し大きくなり始めた。

April

名 4月

[éiprəl] エイプリゥ

▶ In **April,** the piece of unko grew hands and legs.
4月，うんこから手足が生えてきた。

May

名 5月

[mei] メイ

▶ In **May,** the piece of unko grew wings.
5月，うんこに羽が生えてきた。

June

名 6月

[dʒuːn] デューン

▶ In **June,** the piece of unko started sucking tree nectar.
6月，うんこが木のみつを吸い始めた。

July

名 7月

[dʒulái] デュライ

▶ By **July,** the piece of unko was very attached to me.
7月，うんこはぼくにとてもなついている。

August

名 8月

5級

[ɔ́:gəst] オーガスト

▶ One evening in **August,** the piece of unko went missing.
8月のある晩，うんこがいなくなってしまった。

September

名 9月

5級

[septémbər] セプテンバァ

▶ In **September,** the piece of unko came home.
9月，いなくなったうんこが帰ってきた。

October

名 10月

5級

[ɑktóubər] アークトウバァ

▶ In **October,** the piece of unko became still in the ground.
10月，うんこが土の中でじっと動かなくなった。

November

名 11月

5級

[nouvémbər] ノウヴェンバァ

▶ In **November,** the piece of unko laid an egg.
11月，うんこが卵を産んだ。

December

名 12月

[disémbər] ディセンバァ

▶ In **December**, a small piece of unko came out of the egg.
12月，卵から小さなうんこが出てきた。

month

名 (こよみの) 月

[mʌnθ] マンス

▶ flush your unko store once a **month**
ためたうんこを，月に1回流す

year

名 年

[jiər] イアァ

▶ It took me a **year** to make this big of an unko ball.
この大きさのうんこ玉を作るのに1年かかりました。

season

5級

名 季節

[síːzn] スィーズン

▶ It's almost the **season** when doing unko outside is fun.
そろそろ外でうんこをするのが楽しい季節だ。

spring

名 春

5級

[spriŋ] スプリング

▶ Do you have any unko in a more **spring**-like color?
もう少し春らしい色のうんこはありますか？

summer

名 夏

5級

[sʌ́mər] サマァ

▶ This **summer**, a special unko is coming from America.
この夏，アメリカからすごいうんこがやってくる。

fall

名 秋

5級

秋は autumn
［オータム］と言う
こともあるぞ。

[fɔ:l] フォーゥ

▶ This is a piece of unko I picked up last **fall**.
これは去年の秋ごろに拾ったうんこです。

winter

名 冬

5級

[wíntər] ウィンタァ

▶ It's too cold in **winter** to do unko on the veranda.
冬は寒くてベランダでうんこができなくなる。

行事
events

New Year's Day

[njuː jiərz déi] ニュー イアァズ デイ

名 元日，正月

▶ Let's do unko as soon as it becomes **New Year's Day**.
元日になったしゅん間にせーのでうんこをしよう。

Dolls' Festival

[dɑlz féstəvəl] ダゥズ フェスティヴァゥ

名 ひな祭り

▶ There's a piece of unko among the **Dolls' Festival** dolls.
ひな祭りの人形にまぎれてうんこが置いてある。

Star Festival

[stɑːr féstəvəl] スターァ フェスティヴァゥ

名 七夕

▶ I exchanged unko with that girl on the **Star Festival** day.
七夕の日に，あの子とうんこを交かんした。

fireworks

名 花火

[fáiərwəːrks] ファイアァワ〜クス

▶ My father sounds like **fireworks** when he does unko.
父のうんこは打ち上げ花火のような音がする。

birthday

5級

名 誕生日

[bə́ːrθdei] バ〜スデイ

▶ Pieces of unko have **birthdays**, too.
うんこにも誕生日があるんだ。

ir のつづりに
注意じゃ。

festival

4級

名 祭り

[féstəvəl] フェスティヴァゥ

▶ a **festival** where you dance with unko on your head
うんこを頭に乗せておどる祭り

vacation

4級

名 休か，休み

[veikéiʃən] ヴェイケイション

▶ I kept drawing unko during my **vacation**.
休か中はずっとうんこの絵をかいていました。

party

名 パーティー

[páːrti] パーァティ

▶ The participants at the **party** were all given white unko.
パーティーの参加者に白いうんこが配られた。

4級

trip

名 旅行

[trip] トゥリップ

▶ When I came back from my **trip,** all of the unko was thrown away.
旅行から帰るとうんこが全部捨てられていた。

tour

名 ツアー

[tuər] トゥアァ

▶ a **tour** to go see unko in Egypt
エジプトにうんこを見に行くツアー

Valentine's Day	[vǽləntainz dei] ヴァレンタインズ デイ	名 バレンタインデー
Children's Day	[tʃíldrənz dei] チゥドゥレンズ デイ	名 こどもの日
April Fool's Day	[èiprəl fúːlz dei] エイプリゥ フールズ デイ	名 エイプリルフール
Mother's Day	[mʌ́ðərz dei] マザァズ デイ	名 母の日
Father's Day	[fáːðərz dei] ファーザァズ デイ	名 父の日
Halloween	[hælouíːn] ヘアロウイーン	名 ハロウィン 4級
Christmas	[krísməs] クリスマス	名 クリスマス 4級
snow festival	[snóu féstəvəl] スノウ フェスティヴァゥ	名 雪まつり
New Year's Eve	[njuː jiərz íːv] ニュー イァァズ イーヴ	名 大みそか
Olympic Games	[əlimpik géimz] オリンピク ゲイムズ	名 オリンピック
Paralympic Games	[pærəlimpik géimz] ペァラリンピク ゲイムズ	名 パラリンピック

曜日・時間

the days・the time

5級

Sůnday

名 日曜日

[sándei] サンデイ

▶ I'll flush this unko down the toilet on **Sunday**.

このうんこは日曜日になったらちゃんと流すよ。

5級

Mŏnday

名 月曜日

[mándei] マンデイ

▶ Unko on **Monday** is usually like this.

月曜日のうんこはだいたいこんな感じです。

5級

Tůesday

名 火曜日

[tjúːzdei] テューズデイ

▶ Why don't we do unko together next **Tuesday**?

次の火曜日，いっしょにうんこしない？

Wednesday

5級

名 水曜日

[wénzdei] ウェンズデイ

水曜日は
つづりが
難しいぞい。

▶ I have unko lessons every **Wednesday.**
毎週水曜日はうんこのレッスンがある。

Thursday

5級

名 木曜日

[θə́ːrzdei] サ～ズデイ

▶ The unko I wanted gets here on **Thursday.**
木曜日に, ほしかったうんこが届く。

Friday

5級

名 金曜日

[fráidei] フライデイ

▶ I do unko with my family on **Friday** nights.
金曜日の夜は家族いっしょにうんこをします。

Saturday

5級

名 土曜日

[sǽtərdei] セァタデイ

▶ I recommend **Saturday** for doing unko.
うんこをするなら土曜日がおすすめです。

week

名 週

[wiːk] ウィーク

▶ This **week** it's your turn to do unko.

今週はきみがうんこをする番だ。

day

名 日

[dei] デイ

▶ I looked for "Unko **Day**" on the calendar.

カレンダーで「うんこの日」を探した。

morning

名 朝, 午前

[mɔ́ːrniŋ] モーニング

▶ All of the TV shows this **morning** are about unko.

今日の朝はどの番組を見てもうんこの話題ばかりだ。

noon

名 正午

[nuːn] ヌーン

▶ I'll show you that I can do unko exactly at **noon**.

正午きっかりにうんこを出してみせましょう。

afternoon

名 午後 〔5級〕

[æftərnúːn] エァフタヌーーン

▶ It is expected to rain unko in the city tomorrow **afternoon**.
明日の午後から都心ではうんこが降るでしょう。

evening

名 夕方，晩 〔5級〕

[íːvniŋ] イーヴニング

▶ It's already **evening**, so clean up your unko.
もう夕方だし，うんこを片づけなさい。

night

名 夜 〔5級〕

[nait] ナイト

▶ This unko starts squealing at **night**.
このうんこは夜になるとキイキイ鳴く。

after school

〔5級〕

[æftər skuːl] エァフタァ スクーゥ

副 放課後に

▶ Let's meet in front of the unko **after school**.
放課後，うんこの前で待ち合わせね。

a.m.

[éiém] エイエム

副 午前

▶ unko that starts gleaming at 4 **a.m.**
午前4時になるとうっすら光るうんこ

p.m.

[píːém] ピーエム

副 午後

▶ I did unko from 1 **p.m.** to 11 **p.m.**
午後1時から午後11時までうんこをした。

time

[taim] タイム

名 時，時間

▶ So what **time** will you show me your unko?
では何時になったらうんこを見せてくれるんですか？

hour

[áuər] アウアァ

名 時間
（時間の単位）

▶ I have to find the unko within the next two **hours.**
あと2時間以内にうんこを見つけなければ。

minute

[mínit] ミニッ

名 分
（時間の単位）

5級

▶ First, roast the unko on high for 3 to 4 **minutes.**
まず, うんこを強火で 3, 4 分あぶります。

second

[sékənd] セカンド

名 秒
（時間の単位）

5級

▶ If you ask me, I can do unko in under 5 **seconds.**
言ってくれれば, 5 秒以内にうんこを出せます。

date

[deit] デイト

名 日付

5級

▶ You should write the **date** on unko that you've picked up.
拾ったうんこには日付をメモしておくとよい。

today

[tədéi] トゥデイ

名 副 今日 （は）

5級

▶ I didn't say "unko" **today.**
今日はまだ一度も「うんこ」と言っていない。

tonight

名 副 **今夜**（は）

[tənáit] トゥナイト

▶ I shall never forget **tonight**'s unko.
今夜のうんこを，ぼくは一生忘れないだろう。

tomorrow

名 副 **明日**（は）

[təmɔ́:rou] トゥモーロウ

▶ Let's make our unko plans for **tomorrow**.
明日のうんこの予定を立てましょう。

yesterday

名 副 **昨日**（は）

[jéstərdei] イェスタデイ

▶ The unko I borrowed **yesterday** was just what I wanted.
昨日借りたうんこ，とてもいい感じだったよ。

last

形 **この前の，最後の**

[læst] レァスト

▶ A lot of unko from **last** year was found in the drawer.
引き出しから，去年のうんこがたくさん出てきた。

next

形 次の

[nekst] ネクスト

▶ OK, finally, our **next** performer is unko.
さあ次は，いよいようんこの登場です。

ago

[əgóu] アゴウ

副（今より）〜前に

▶ unko from 100,000 years **ago**
10万年前のうんこ

now

副 名 今

[nau] ナウ

▶ I got an e-mail saying, "I just let out some unko **now**."
「今うんこが出た。」とメールが入った。

weekend

名 週末

[wíːkend] ウィーケンド

▶ I'm going to do unko in Hokkaido this **weekend**.
今度の週末は北海道でうんこをする予定だ。

holiday

4級

名 休日

[hάlədei] ハーリデイ

▶ I should have organized the unko on my **holiday**.

休日のうちにうんこを整理しておけばよかった。

future

4級

名 未来

[fjúːtʃər] フューチャ

▶ I wonder what shape unko will take in the **future**.

未来のうんこはどんな形だろう。

 もっと覚えるのじゃ！

sunrise	[sʌ́nraiz] サンライズ	名 日の出
sunset	[sʌ́nset] サンセッ	名 日の入り，日ぼつ
century	[séntʃəri] センチュリィ	名 世紀 3級

建物など
たてもの

places

5級

station

名 駅（えき）

[stéiʃən] ステイション

▶ You dragged the unko all the way here from the **station**?
駅（えき）からここまでうんこを引（ひ）きずって来（き）たのか。

5級

park

名 公園（こうえん）

[pɑːrk] パーアク

▶ I saw a man talking to unko at the **park.**
公園（こうえん）でうんこに話（はな）しかけているおじさんを見（み）た。

5級

library

名 図書室（としょしつ），
図書館（としょかん）

[láibreri] ライブレリィ

▶ Now is your chance to do unko at the **library.**
今（いま）が図書室（としょしつ）でうんこをするチャンスだ。

restaurant

名 レストラン

[réstərənt] レストラント

▶ I did unko in my pants twice on the way to the **restaurant.**
レストランへ向かう道でうんこを2回もらした。

hospital

名 病院

[háspitl] ハースピタゥ

▶ It seems there's no "unko department" at this **hospital.**
この病院には「うんこ科」はないみたいだ。

supermarket

[súːpərmɑːrkət] スーパーマーッケゥ

名 スーパーマーケット

▶ Let's buy cheap unko at the **supermarket.**
スーパーマーケットで安いうんこを買おう。

post office

名 郵便局

[póust ɔ́ːfis] ポウストーフィス

▶ The unko shop is two buildings from the **post office.**
うんこショップは，郵便局の2けんとなりにあります。

police station

[pəlíːs stéiʃən] ポリーステイション

名 警察署

▶ I heard a big unko noise from inside the **police station**.
警察署の中からすごいうんこの音が聞こえた。

hotel

[houtél] ホウテゥ

名 ホテル

▶ I can only do unko in **hotels**.
ぼくはホテルじゃないとうんこができない。

amusement park

[əmjúːzmənt pɑːrk] アミューズメン パーァク

名 遊園地

▶ This is my first time at an **amusement park** this full of unko.
こんなうんこまみれの遊園地は初めてだ。

bookstore

[búkstɔːr] ブクストーァ

名 本屋

▶ This **bookstore** has a great selection of unko-related books.
この本屋さんはうんこ関係の本がじゅう実している。

convenience store

[kənvíːnjəns stɔːr] コンヴィーニェンストーァ

名 コンビニ

▶ make copies of unko at the **convenience store**
コンビニでうんこをコピーする

department store

[dipáːrtmənt stɔːr] ディパーアトメンストーァ

名 デパート

▶ My grandmother bought unko at the **department store**.
祖母がデパートでうんこを買ってきた。

zoo

名 動物園

[zuː] ズー

▶ I'll go see rhino unko at the **zoo** today.
今日は動物園にサイのうんこでも見に行くか。

swimming pool

[swímiŋ puːl] スウィミング プーゥ

名 プール

▶ a giant piece of unko floating in the **swimming pool**
プールにうかんだきょ大うんこ

gym

名 体育館

[dʒim] ヂム

▶ Bring unko and a towel and meet at the **gym**.
うんことタオルを持って体育館に集合。

gas station

∞

「ガソリンスタンド」では通じないのじゃ。

[gǽs stèiʃən] ゲァステイション

名 ガソリンスタンド

▶ The unko made a huge explosion at the **gas station**.
ガソリンスタンドでうんこが大ばく発した。

school

名 学校

[sku:l] スクーゥ

▶ Do not bring non-school-related unko to **school**.
学校に関係のないうんこは持ってきてはいけません。

elementary school

[eləméntəri sku:l] エレメンタリィ スクーゥ

名 小学校

▶ There is an "unko room" in my **elementary school**.
ぼくの小学校には「うんこ室」がある。

junior high school

4級

[dʒú:njər hái sku:l] デューニャ ハイ スクーゥ

名 中学校

▶ When I start **junior high school,** I get a room for unko.
中学校に入ったらうんこ用の部屋をもらえる。

high school

4級

名 高校

[hái sku:l] ハイ スクーゥ

▶ My sister is in her **high school**'s unko club.
姉は高校でうんこ部に入っている。

町・自然

university

3級

名 大学

[ju:nəvá:rsəti] ユーニヴァ〜スィティ

▶ My brother studies the history of unko at his **university.**
兄は大学でうんこの歴史を勉強している。

bank

5級

名 銀行

[bæŋk] ベァンク

▶ I thought I could deposit unko at the **bank.**
うんこは銀行に預けられると思っていた。

city hall

5級

名 市役所

[síti hɔ́ːl] スィティ ホーゥ

▶ A man holding unko is sitting down in front of the **city hall.**
市役所の前にうんこを持った男が座りこんでいる。

shop

5級

名 店

[ʃɑp] シャープ

▶ There are 5 **shops** that sell unko in the neighborhood.
近所にうんこを売っている店が5けんあります。

flower shop

5級

名 花屋

[fláuər ʃɑp] フラウァァ シャープ

▶ I stuck the rose I bought at the **flower shop** in unko.
花屋さんで買ったバラをうんこにつきさした。

bakery

5級

名 パン屋

[béikəri] ベイカリィ

▶ There is a big piece of unko in front of the **bakery** so I can't go in.
大きなうんこがじゃまでパン屋に入れない。

fire station

[名] 消防署

[fáiər stèiʃən] ファイア ステイション

▶ They're practicing putting out burning unko at the **fire station.**
消防署で, うんこについた火を消す練習をしている。

museum

5級

[名] 博物館, 美術館

[mju:zí:əm] ミューズィーアム

▶ My father's unko is on display at the prefectural **museum.**
父のうんこが, 県の博物館にかざられています。

movie theater

5級

[名] 映画館

[mú:vi θíətər] ムーヴィ スィアタァ

▶ I want to see unko on the big screen at the **movie theater.**
映画館の大きなスクリーンでうんこが見たい。

shopping mall

5級

[名] ショッピングモール

[ʃápiŋ mɔːl] シャーピング モーゥ

▶ I hid 10 pieces of unko at the **shopping mall.**
ショッピングモールの中にうんこを10個かくした。

shrine

4級

[ʃráin] シュライン

名 神社

▶ Unko is worshipped at this **shrine**.
この神社にはうんこがまつられている。

temple

4級

[témpl] テンポゥ

名 寺

▶ unko on the gate of the **temple**
寺の門の上にあるうんこ

stadium

5級

[stéidiəm] ステイディアム

名 競技場, スタジアム

▶ Someone is doing unko in the middle of the **stadium**.
だれかが競技場のど真ん中でうんこをしています。

aquarium

4級

[əkwéəriəm] アクウェアリアム

名 水族館

▶ see various kinds of fish unko at the **aquarium**
水族館でさまざまな魚のうんこを見る

bus stop

名 バス停

[bás stap] バス スターップ

▶ People with unko, get off at the next **bus stop**.
うんこを持っている方，次のバス停で降りてください。

町・自然

garden

名 庭園

[gá:rdn] ガーァドゥン

▶ My mother is watering the unko in the **garden**.
母が庭でうんこに水をあげている。

farm

名 農場

[fɑ:rm] ファーァム

▶ One morning, a giant piece of unko appeared on the **farm**.
ある朝，農場にきょ大なうんこが現れた。

street

名 通り

[stri:t] ストゥリート

▶ Please line unko up along this **street**.
この通りに沿ってうんこを並べてください。

bridge

5級

[bridʒ] ブリッヂ

名 橋

> I dangled unko from the **bridge**.
> 橋の上からうんこをぶら下げた。

d を忘れない
ように気を
つけるのじゃ。

way

4級

[wei] ウェイ

名 道, 方法

> a long long **way** to the unko
> うんこへと続く長い長い道

airport

5級

[éərpɔːrt] エアァポート

名 空港

> A man with unko has been stopped at the entrance of the **airport**.
> うんこを持った男が空港の入り口で止められている。

castle

4級

[kǽsl] ケァソゥ

名 城

> The children are making a **castle** out of unko.
> 子どもたちがうんこでお城を作っている。

building

名 建物，ビル

[bíldiŋ] ビルディング

▶ I thought it was a **building**, but it was a big piece of unko.

建物だと思ったら大きなうんこだった。

町・自然

apartment

名 アパート

[əpáːrtmənt] アパーアトメント

▶ live together with unko in an **apartment**

アパートでうんこといっしょに暮らす

field

名 畑，競技場

[fíːld] フィーゥド

▶ a man who buried a vast **field** in unko

広大な畑をうんこでうめつくした男

bench

名 ベンチ

[bentʃ] ベンチ

▶ The only open **bench** is covered in unko.

うんこまみれのベンチしか空いていない。

city

名 市，都市

[síti] スィティ

▶ My unko was honored by the **city.**

ぼくのうんこが市から表しょうされた。

5級

town

名 町

[taun] タウン

▶ He knows the most about unko in this **town.**

かれはこの町で一番うんこにくわしい。

5級

village

名 村

[vílidʒ] ヴィレヂ

▶ gather all the unko in the **village** in one spot

村じゅうのうんこを1か所に集める

4級

place

名 場所

[pleis] プレイス

▶ What are you thinking, doing unko in a **place** like this?

こんな場所でうんこをするなんて何を考えてるんだ。

4級

もっと覚えるのじゃ！

☁ **kindergarten**	[kíndərgɑːrtn] キンダ ガーアトゥン	名 幼ち園	
☁ **college**	[kálidʒ] カーレヂ	名 大学	
☁ **church**	[tʃəːrtʃ] チャ～チ	名 教会	3級
☁ **coffee shop**	[kɔ́ːfi ʃɑp] コーフィ シャープ	名 きっさ店	5級
☁ **cake shop**	[kéik ʃɑp] ケイク シャープ	名 ケーキ屋	5級
☁ **pet shop**	[pét ʃɑp] ペッシャープ	名 ペットショップ	
☁ **parking lot**	[pɑ́ːrkiŋ lɑt] パーアキング ラート	名 ちゅう車場	
☁ **factory**	[fǽktəri] フェアクトリィ	名 工場	4級
☁ **company**	[kámpəni] カンパニ	名 会社	
☁ **office**	[ɔ́ːfis] オーフィス	名 オフィス， 事務所	5級
☁ **road**	[roud] ロウド	名 道路	5級
☁ **store**	[stɔːr] ストーア	名 店	5級

乗り物

vehicles

bus

名 バス

[bʌs] バス

▶ a **bus** packed full with unko

うんこがぎゅうぎゅうにつまったバス

train

名 電車

[trein] トゥレイン

▶ My father connected a few pieces of unko and said, "**Train**."

父がいくつかのうんこをつなげて「電車」と言った。

táxi

名 タクシー

[tǽksi] テァクスィ

▶ **Taxis** won't stop for me if I have unko.

うんこを持っているとタクシーが止まってくれないな。

5級

car

[kɑ:r] カーァ

▶ That **car** ran over my unko.
あの車がぼくのうんこをふみつぶしたんだ。

名 車, (電車などの) 車両

5級

bike

[baik] バイク

名 自転車

bicycle
[バイスィコゥ]
とも言うぞい。

▶ tie unko to the basket on your **bike**
自転車のかごにうんこをしばりつける

4級

airplane

[éərplein] エアァプレイン

名 飛行機

▶ jump from an **airplane** holding unko
うんこをかかえて飛行機から飛び降りる

3級

jet

[dʒet] ヂェッ

名 ジェット機

▶ A piece of unko went flying at **jet** speed.
ジェット機のような速さでうんこが飛んでいった。

truck

名 トラック

[trʌk] トゥラック

▶ a **truck** loaded with a large amount of unko
大量のうんこをのせたトラック

motorcycle

名 オートバイ

[móutərsaikl] モウタサイコゥ

▶ tie a pile of unko to the back of a **motorcycle**
オートバイのうしろにうんこをくくりつける

subway

名 地下鉄

[sʌ́bwei] サブウェイ

▶ I changed trains in the **subway** to come see your unko.
地下鉄を乗りついできみのうんこを見に来たよ。

ship

名 船

[ʃip] シップ

▶ We'd need a **ship** to carry a piece of unko this big.
こんな大きなうんこは船でしか運べない。

boat

名 ボート, 船

[bout] ボウト

▶ There's a man doing unko on the **boat**.
ボートの上でうんこをしているおじさんがいる。

yacht

名 ヨット

[jɑt] ヤーット

▶ My father stuck a leaf in a piece of unko and said, "**Yacht**."
父がうんこに葉っぱをつきさして「ヨット」と言った。

spaceship

名 宇宙船

[spéisʃip] スペイスシプ

▶ A **spaceship** with our unko on it is flying off into space.
ぼくらのうんこをのせた宇宙船が飛び立っていく。

rocket

名 ロケット

[rɑ́kit] ラーッケッ

▶ This **rocket** uses unko for fuel.
このロケットの燃料はうんこです。

町・自然

wheelchair

名 車いす

[hwíːltʃeər] フウィールチェアァ

▶ an unko-shaped **wheelchair**

うんこの形の車いす

roller coaster

[róulər kòustər] ロウラァ コウスタァ 　名 ジェットコースター

▶ I did unko in my pants on the **roller coaster.**

ジェットコースターでうんこをもらした。

もっと覚えるのじゃ！

fire engine	[fáiər èndʒin] ファイア エンヂン	名 消防車
ambulance	[ǽmbjuləns] エァンビュランス	名 救急車
police car	[pəlíːs kɑːr] ポリース カーァ	名 パトカー
van	[væn] ヴェァン	名 大型自動車, バン
helicopter	[héləkɑptər] ヘリカープタァ	名 ヘリコプター
Ferris wheel	[féris hwìːl] フェリス フウィーゥ	名 観覧車

自然

nature

5級

sea

名 海

[siː] スィー

▶ a man who does unko while watching the **sea**
海を見ながらうんこをする男

4級

beach

名 はま辺,
ビーチ

[biːtʃ] ビーチ

ea のつづりに
注意じゃ。

▶ Peculiar unko was found on the **beach.**
はま辺できみょうなうんこが見つかった。

5級

mountain

名 山

[máuntin] マウンテン

▶ roll unko down from the peak of the **mountain**
山のてっぺんからうんこを転げ落とす

river

名 川 (かわ)

[rívər] リヴァ

▶ Unko is flowing one after another from the upper **river**.
川 (かわ) の上流 (じょうりゅう) からうんこが次々 (つぎつぎ) 流 (なが) れてくる。

lake

名 湖 (みずうみ)

[leik] レイク

▶ a piece of unko just the size of **Lake** Biwa
琵琶湖 (びわこ) とちょうど同 (おな) じ大 (おお) きさのうんこ

forest

名 森 (もり)

[fɔ́:rist] フォーレスト

▶ Anyone who enters this **forest** will do unko in their pants.
この森 (もり) に入 (はい) った者 (もの) は全員 (ぜんいん) うんこをもらすだろう。

sky

名 空 (そら)

[skai] スカイ

▶ When I looked up, there was unko floating in the **sky**.
ふと空 (そら) を見上 (みあ) げると, うんこがうかんでいた。

sun

名 太陽

5級

[sʌn] サン

sunny で「晴れ」という意味じゃ。

▶ Sometimes you have to give unko some **sun.**
たまにはうんこも太陽に当ててあげないと。

moon

名 （天体の）月

5級

[muːn] ムーン

▶ If you throw unko toward the **moon,** you will become happy.
月に向かってうんこを投げると幸せになれる。

cloud

名 雲

4級

[klaud] クラウド

▶ Pieces of unko are pouring down, breaking through the **clouds.**
雲をつき破ってうんこが降りそそぐ。

wind

名 風

4級

[wind] ウィンド

▶ My unko got blown away by a gust of **wind.**
ぼくのうんこが強風で飛ばされた。

tree

5級

[tri:] トゥリー

名 木

▶ whack unko hanging from a **tree** with a bat

木につるしたうんこをバットでひっぱたく

flower

5級

[fláuər] フラウァァ

名 花

▶ It looks like a **flower**, but it's actually unko.

花に見えるけど実はうんこなんです。

plant

4級

[plænt] プレァント

名 植物
動 植える

▶ A peculiar **plant** sprouted from my father's unko.

父のうんこから，きみょうな植物は生えてきた。

stone

4級

[stoun] ストウン

名 石

▶ use a **stone** to crush unko

石を使ってうんこをすりつぶす

rock

名 岩

[rɑk] ラーック

▶ pull out unko stuck between two **rocks**
岩と岩の間にはさまったうんこを引きぬく

rainbow

名 にじ

[réinbou] レインボウ

▶ unko with seven colors like a **rainbow**
にじのように七色のうんこ

pond

名 池

[pɑnd] パーンド

▶ I hooked a weight to unko and sank it in the **pond.**
うんこにおもりをつけて池にしずめた。

desert

名 砂ばく

3級

[dézərt] デザァト

最初を強く
読むのじゃ。

▶ It's impossible to find unko in this **desert.**
この砂ばくからうんこを探せなんて無理だ。

island

名 島

[áilənd] アイランド

③級

s は発音しない
のじゃ。

▶ This is not an **island** but unko.
これは島じゃない。うんこだったんだ。

hill

名 おか

[hil] ヒゥ

④級

▶ place unko on the **hill** and shoot it with an air gun
おかの上にうんこを置いて，エアガンでうつ

ground

名 地面，土

[graund] グラウンド

③級

▶ Unko has been grinded into the **ground**.
うんこが地面にめりこんでいる。

nest

名 (鳥や動物などの)
巣

[nest] ネスト

③級

▶ This animal often takes unko back to its **nest** with it.
この動物はうんこを巣に持ち帰る習性がある。

environment

[inváiərənmənt] エンヴァイアロンメント

名 かん境

▶ Is there a way to protect the **environment** using unko?
うんこを利用してかん境を保護できないか。

space

[speis] スペイス

名 宇宙

▶ A piece of unko wandering in **space** was discovered.
宇宙をただよううんこが発見された。

earth

[əːrθ] ア〜ス

名 地球

▶ a piece of unko larger than the **earth**
地球よりも大きいうんこ

Mt.

[maunt] マウント

名 (山の名前に つけて) 〜山

▶ Unko shot out of a volcanic crater of **Mt.** Fuji.
富士山の火口からうんこが飛び出してきた。

町・自然

life

4級

[laif] ライフ

名 生命，生活

▶ It seems that this unko has been blessed with **life**.
このうんこは生命を宿しているようだ。

nature

3級

[néitʃər] ネイチァ

名 自然

▶ Let's talk about unko while surrounded by **nature**.
自然の中でうんこの話をしよう。

😈 もっと覚えるのじゃ！

☁ **fire**	[faiər] ファイア	名 火，火事 4級
☁ **air**	[eər] エアァ	名 空気 4級
☁ **wood**	[wud] ウッド	名 木材
☁ **hot springs**	[hát spriŋz] ハーッ スプリングズ	名 温泉
☁ **rice field**	[ráis fi:ld] ライス フィールド	名 田
☁ **wetlands**	[wétlændz] ウェッレァンヅ	名 しっ地

天気（てんき）

weather

5級

sunny

[sáni] サニィ

形 明るく日がさす，晴れた

▶ The title of this picture is "Unko on **Sunny** Days."
この絵（え）の題名（だいめい）は「晴（は）れた日々（ひび）のうんこ」です。

5級

cloudy

[kláudi] クラウディ

形 くもった

▶ It's getting **cloudy,** so let's bring in the unko.
くもってきたので，うんこを室内（しつない）に入（い）れよう。

5級

rainy

[réini] レイニィ

形 雨降（あめふ）りの

▶ I make it a rule not to do unko on **rainy** days.
雨（あめ）の日（ひ）はうんこをしないと決（き）めているんです。

snowy

[snóui] スノウイ

形 雪の降る

▶ It was **snowy,** so the unko in the lawn is pure white.
雪だったので，庭のうんこが真っ白だ。

rain

[rein] レイン

名 雨
動 雨が降る

▶ The unko is being hit by heavy **rain.**
うんこが激しい雨に打たれている。

snow

[snou] スノウ

名 雪

▶ unko as white as **snow**
雪のように真っ白なうんこ

hot

[hat] ハーッ

形 暑い，熱い，
からい

▶ On **hot** nights, I apply frozen unko to my forehead.
暑い夜はこおらせたうんこをおでこにのせる。

cold

形 寒い, 冷たい

名 (病気の) かぜ

[kould] コウゥド

▶ Why is your unko so **cold**?

どうしてきみのうんこはこんなに冷たいんだ。

warm

5級

形 暖かい, 温かい

[wɔ:rm] ウォーム

▶ The unko is still **warm.** He must be nearby.

まだうんこが温かい。かれは近くにいるはずだ。

windy

4級

形 風が強い

[wíndi] ウィンディ

▶ On **windy** days, unko sometimes comes flying.

風が強い日は, たまにうんこが飛んでくる。

weather

5級

名 天気

[wéðər] ウェザァ

▶ This unko changes its size according to the **weather.**

このうんこは天気で大きさが変わる。

町・自然

くに ち いき
国・地域
countries・regions

5級

Japan
名 日本

[dʒəpǽn] ヂャペァン

▶ Congratulations. You have the number one unko in **Japan**.
おめでとう。きみのうんこが日本一だ。

5級

America
名 アメリカ

[əmérikə] アメリカ

▶ An incredible piece of unko has arrived from **America**.
アメリカからとんでもないうんこがやって来た。

5級

American
形 アメリカ(人)の
名 アメリカ人

[əmérikən] アメリカン

▶ It seems that there is an **American** person who does blue unko.
青いうんこをするアメリカ人がいるそうだ。

Canada

名 カナダ

[kǽnədə] ケァナダ

▶ unko found deep in the mountains of **Canada**
カナダの山おくで見つけたうんこ

Australia

名 オーストラリア

[ɔːstréiljə] オーストレイリャ

▶ OK, I'll go to **Australia** and do unko!
さて，オーストラリアへ行ってうんこでもするか。

New Zealand

[njuː zíːlənd] ニュー ズィーランド 　名 ニュージーランド

▶ order unko from **New Zealand**
ニュージーランドからうんこを取り寄せる

China

名 中国

[tʃáinə] チャイナ

▶ The oldest unko in the world is in **China.**
世界最古のうんこは中国にある。

国・地域

Chinese

形 中国（人）の
名 中国語

[tʃainíːz] チャイニーズ

▶ A **Chinese** person invented a completely new type of unko.
中国人が全く新しいうんこを発明した。

Korea

名 韓国

5級

[kəríːə] コリーア

▶ go on a day trip to do unko in **Korea**
韓国に日帰りでうんこをしに行く

国名は
いつも大文字で
始めるぞい。

Korean

形 韓国（人）の
名 韓国語

[kəríːən] コリーアン

▶ A **Korean** friend of mine sent pictures of unko.
韓国人の友だちがうんこの写真を送ってくれた。

Thailand

名 タイ

[táilænd] タイレァンド

▶ My father headed to **Thailand** with one piece of unko.
父はうんこ1個だけ持ってタイに向かった。

Vietnam

名 ベトナム

[viːetnάːm] ヴィーエトナーム

▶ unko I found in the jungles of **Vietnam**

ベトナムのジャングルで見つけたうんこ

4級

Singapore

[síŋɡəpɔːr] スィンガポーァ

名 シンガポール

▶ The next unko contest will be held in **Singapore.**

次のうんこ大会はシンガポールで開さいされる。

国・地域

3級

the Philippines

[ðə fíləpiːnz] ザ フィリピーンズ

名 フィリピン

▶ A hot-air balloon with unko on it flew from **the Philippines.**

うんこをのせた気球がフィリピンから飛んできた。

4級

India

[índiə] インディア

名 インド

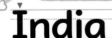

「インド」じゃなくて「インディア」じゃよ。

▶ If you do unko in **India,** your life perspective will change.

インドでうんこをすると人生観が変わるよ。

the U.K.

名 イギリス

[ðə júːkéi] ザ ユーケイ

▶ This is an unko-cutting machine developed in **the U.K.**
これがイギリスで開発されたうんこ切りマシンです。

4級

Russia

名 ロシア

[rʌ́ʃə] ラシァ

▶ I'm only interested in unko from **Russia.**
ロシアのうんこ以外には興味はないんだ。

4級

Russian

形 ロシア（人）の
名 ロシア語

[rʌ́ʃən] ラシァン

▶ Some **Russian** people are dancing around unko.
ロシア人たちがうんこを囲んでおどっている。

4級

France

名 フランス

[fræns] フレァンス

▶ I found some marvelous unko in **France,** so I'll send it over.
フランスですてきなうんこを見つけたので送ります。

4級

French

[frentʃ] フレンチ

形 フランス（人）の

名 フランス語

▶ I like the **French** movie, "La Unko."

「ラ・うんこ」というフランス映画が好きだ。

Germany

4級

名 ドイツ

[dʒə́ːrməni] ヂャ〜マニィ

▶ I participated in an unko festival in **Germany**.

ドイツのうんこフェスティバルに参加した。

German

形 ドイツ（人）の

名 ドイツ語

[dʒə́ːrmən] ヂャ〜マン

▶ Let's compare Japanese unko and **German** unko.

日本のうんことドイツのうんこを比べてみよう。

Spain

4級

名 スペイン

[spein] スペイン

▶ unko I bought at a festival in **Spain**

スペインのお祭りで買ったうんこ

Spanish

[spǽniʃ] スペアニッシ

形 スペイン（人）の

名 スペイン語

▶ As I thought, **Spanish** unko has a lovely color tone.
やはりスペインのうんこは色合いがよい。

Italy

4級

[ítəli] イタリィ

名 イタリア

「イタリア」じゃなくて「イタリー」じゃよ。

▶ Today my unko is shaped like **Italy**.
今日のうんこはイタリアみたいな形をしている。

Italian

[itǽliən] イテァリアン

形 イタリア（人）の

名 イタリア語

▶ An **Italian** person in a suit is doing unko in the street.
スーツ姿のイタリア人が道でうんこをしています。

Egypt

4級

[íːdʒipt] イーヂプト

名 エジプト

▶ A piece of unko with a fang was discovered in **Egypt**.
エジプトで，キバのあるうんこが発見された。

Kenya

名 ケニア

[kénjə] ケニャ

▶ I did unko in my pants 7 times during my trip to **Kenya.**
ケニア旅行でうんこを7回もらした。

Brazil

4級

名 ブラジル

[brəzíl] ブラズィル

▶ connect a line of pieces of unko from Japan to **Brazil**
日本からブラジルまでうんこをつなげる

国・地域

Peru

名 ペルー

[pərú:] ペルー

▶ unko discovered in ruins in **Peru**
ペルーの遺せきで見つけたうんこ

Asia

4級

名 アジア

[éiʒə] エイジァ

▶ I was terrified when I saw the largest piece of unko in **Asia.**
アジア最大のうんこを見て, こしをぬかした。

Europe

4級

[júərəp] ユアロプ

名 ヨーロッパ

▶ go to **Europe** to observe unko

ヨーロッパにうんこの視察に行く

Africa

4級

名 アフリカ

[ǽfrikə] エァフリカ

▶ I can't get the unko I saw in **Africa** out of my mind.

アフリカで見たうんこが頭からはなれない。

world

5級

名 世界

[wə́ːrld] ワ〜ゥド

▶ There is still undiscovered unko in the **world**.

世界にはまだまだ未知のうんこがあるんだ。

country

5級

名 国

ou のつづりに
注意じゃ。

[kʌ́ntri] カントリィ

▶ a picture book with unko from other **countries**

さまざまな国のうんこがのった図鑑

もっと覚えるのじゃ！

☁ **Malaysia**	[məléizə] マレイジァ	名 マレーシア
☁ **Mongolia**	[maŋgóuliə] マンゴウリャ	名 モンゴル
☁ **Turkey**	[tə́ːrki] ターキィ	名 トルコ
☁ **Norway**	[nɔ́ːrwei] ノーウェイ	名 ノルウェー
☁ **Sweden**	[swíːdn] スウィードゥン	名 スウェーデン
☁ **Switzerland**	[swítsərlənd] スウィツァランド	名 スイス
☁ **the Netherlands**	[ðə néðərləndz] ザ ネザランヅ	名 オランダ
☁ **Greece**	[griːs] グリース	名 ギリシャ
☁ **Ghana**	[gáːnə] ガーナ	名 ガーナ
☁ **Morocco**	[mərákou] マラーコウ	名 モロッコ
☁ **Mexico**	[méksikou] メクスィコウ	名 メキシコ
☁ **Chile**	[tʃíli] チリィ	名 チリ

ようすを表あらわす
ことば

describing words

5級

nice

形 よい,
すてきな

[naɪs] ナイス

▶ That young man did some **nice** unko.

なかなかよいうんこをする青年せいねんだったね。

5級

bad

形 悪わるい

[bæd] ベァド

▶ The weather is **bad** today, so I'll do unko.

今日きょうは天気てんきが悪わるいので，うんこでもするか。

5級

beautiful

形 美うつくしい

[bjúːtəfl] ビューティフォウ

▶ The way she does unko is so **beautiful**!

なんて美うつくしい動うごきでうんこをする人ひとだ。

big

[big] ビッグ

形 **大**きい

▶ a piece of unko **bigger** than the moon
月よりも大きいうんこ

small

[smɔːl] スモーゥ

形 **小**さい

▶ hang a **small** piece of unko from your earlobe
耳たぶに小さいうんこをぶら下げる

new

[njuː] ニュー

形 **新**しい

▶ I was taught a completely **new** use for unko.
うんこの全く新しい使い方を教えてもらった。

old

[ould] オウゥド

形 **古**い,
年をとった

▶ Unko was packed in the **old** treasure box.
古い宝箱の中には, うんこがつまっていた。

形容詞など

high

4級

形 **高い**

[hai] ハイ

▶ How did they get unko up to such a **high** place?
あんな高い場所にどうやってうんこを置いたんだ。

low

4級

形 **低い**

[lou] ロウ

▶ Please store this unko at a **low** temperature.
このうんこは低い温度で保存してください。

long

5級

形 **長い**
副 **長く**

[lɔːŋ] ローング

▶ do unko on top of a **long** pole in the schoolyard
校庭につき立てた長い棒の上でうんこをする

short

5級

形 **短い,
(背が) 低い**

[ʃɔːrt] ショート

▶ "Unko" is a **short** word to say the same thing.
それを短い言葉で言ったものが「うんこ」だよ。

fast

[fæst] フェアスト

形 速い
副 速く

▶ I can run **faster** when I have unko.

うんこを持っているほうが速く走れるんです。

slow

[slou] スロウ

形 （スピードが）
おそい

▶ The speed a piece of unko rolls at is a little **slow**.

うんこが転がるスピードがちょっとおそいね。

early

[ə́ːrli] ア～リィ

副 早く
形 早い

▶ If you wake up **early,** you can take time to do unko.

朝早く起きれば，そのぶんうんこの時間がとれる。

late

[leit] レイト

形 おそい
副 おそく，
おくれて

▶ It's too **late**. I already did unko in my pants.

もうおそい。うんこはもれてしまった。

形容詞など

open

形 開いている
動 開く

[óupən] オウプン

▶ I can't do unko with my eyes **open**.
ぼくは目を開けたままうんこができないんだ。

5級

closed

形 閉まっている

[klouzd] クロウズド

▶ I did unko without realizing the lid was **closed**.
ふたが閉まっているのに気づかずうんこしてしまった。

5級

easy

形 簡単な

[íːzi] イーズィ

▶ For him, crushing unko was a very **easy** task.
かれにとって，うんこをにぎりつぶすことは簡単なことだった。

5級

difficult

形 難しい

[dífikəlt] ディフィカット

▶ It's a little **difficult** to do unko with this posture.
この姿勢でうんこをするのはちょっと難しいです。

4級

héavy

形 重い

4級

[hévi] ヘヴィ

▶ You carried such a **heavy** piece of unko here by yourself?
こんな重いうんこを1人で運んで来たんですか?

light

4級

[lait] ライト　形 軽い, 明るい　名 照明, 光

▶ put a **light** blanket over the unko
うんこに軽い毛布をかける

strong

形 強い

4級

[strɔːŋ] ストローング

▶ OK now, he is very **strong** now that he's got unko.
さあ, うんこを持ったかれは強いぞ。

weak

形 弱い

3級

[wiːk] ウィーク

▶ send a **weak** electric pulse through the unko
うんこに弱い電気を流す

same

[形] 同じ

[seim] セイム

▶ I couldn't do the **same** unko again even if you asked.
もう一度同じうんこをしてと言われても困るよ。

4級

different

[形] 異なった，
ちがう

[dífərənt] ディファレント

▶ Each piece of unko has a **different** name.
すべてのうんこに異なる名前がついています。

4級

rich

[形] 金持ちの，
豊かな

[rítʃ] リッチ

▶ A super **rich** person bought up all of the unko.
大金持ちがうんこを全部買いしめてしまった。

4級

poor

[形] 貧しい，
かわいそうな

[púər] プアァ

▶ I was **poor** when I was a child, but I made a fortune with just my unko.
子どものころは貧しかったが，うんこ1つで大金をかせいだ。

3級

tall

形 背が高い

[tɔːl] トーゥ

▶ Have your unko and line up from **tall** to short.
背の高い人から順にうんこを持って整列。

large

形 広い，大きい

[lɑːrdʒ] ラーァヂ

▶ line up pieces of unko on a **large** blue sheet
大きな青いシートの上にうんこを並べる

形容詞など

better

形 よりよい

[bétər] ベタァ

▶ I'll give the unko to the one who shows me the **better** smile.
いい笑顔を見せてくれたほうにうんこをあげるよ。

best

形 いちばんよい

[best] ベスト

▶ I just did the **best** unko this year, so I feel great.
今年最高のうんこができて，気分がいい。

well

副 上手に

[wel] ウェゥ

▶ He rolled the unko over his forehead **well**.

かれはうんこを上手におでこの上で転がした。

5級

ready

形 準備
完りょうして

[rédi] レディ

▶ I'm **ready** to do unko anytime.

ぼくはいつでもうんこできますよ。

5級

young

形 若い

[jʌŋ] ヤング

▶ Unko is popular among **young** women recently.

若い女性たちの間でうんこがはやっている。

5級

dark

[da:rk] ダーァク

形 暗い

▶ This unko glows pink in **dark** places.

このうんこは暗いところでピンク色に光る。

4級

lucky

形 幸運な

5級

[lʌ́ki] ラキィ

▶ **Lucky** for me, I found the lost unko.
幸運なことに，なくしたうんこが見つかった。

exciting

形 わくわく
させるような

5級

[iksáitiŋ] イクサイティング

▶ Seeing your unko is **exciting** for me.
きみのうんこを見てるとわくわくさせられるよ。

形容詞など

fun

名 おもしろいこと

4級

[fʌn] ファン

▶ I wonder if there's anything **fun** other than unko.
何かうんこ以外でおもしろいことないかなあ。

interesting

形 おもしろい，興味深い

5級

[íntəristiŋ] インタレスティング

▶ It's an **interesting** idea to use unko for that.
そこにうんこを使うとはおもしろいアイデアだ。

famous

4級

形 有名な

[féiməs] フェイマス

▶ a shop where **famous** celebrities come to do unko
有名な芸能人がうんこをしにやって来る店

popular

5級

[pápjulər] パーピュラァ

形 人気のある

▶ the most **popular** unko in the world
世界で一番人気のうんこ

fresh

3級

形 新せんな

[freʃ] フレッシ

▶ Make sure the unko gets some **fresh** air.
うんこに新せんな空気を当ててあげよう。

wonderful

4級

形 すばらしい

[wʌndərfl] ワンダフォゥ

▶ Thanks to unko, I met some **wonderful** people.
うんこのおかげで, すばらしい人たちに出会えた。

colorful

形 カラフルな, 色とりどりの

③級

[kʌ́lərfəl] カラフォウ

▶ a man selling **colorful** unko on the side of the road
道ばたでカラフルなうんこを売っているおじさん

dry

形 かわいた

④級

[drai] ドライ

▶ drip water over **dry** unko with a dropper
かわいたうんこにスポイトで水を垂らす

wet

形 しめった

③級

[wet] ウェッ

▶ Let's cover the unko with a **wet** piece of gauze.
うんこにしめったガーゼをかけておこう。

traditional

形 伝統的な

③級

[trədíʃənəl] トゥラディショナゥ

▶ a **traditional** unko dance of Hokkaido
北海道の伝統的なうんこおどり

形容詞など

lovely

形 かわいらしい, すばらしい

[lʌ́vli] ラヴリィ

▶ I wrapped a **lovely** scarf around the unko.

うんこにすてきなマフラーをまいてあげた。

special

形 特別の

[spéʃəl] スペシャゥ

▶ Participants will be awarded with a **special** piece of unko.

参加してくれた人には，特別なうんこをプレゼント。

quick

形 すばやい

[kwik] クウィック

▶ John is only **quick** when he does unko.

ジョンはうんこをするときだけすばやくなる。

international

[intərnǽʃənəl] インタネァショナゥ

形 国際的な

▶ do unko in my pants in an **international** match

国際試合でうんこをもらす

free

[fri:] フリー

形 自由な,
ひまな,
無料の

4級

▶ You are **free** to do unko with any posture.
どんな姿勢でうんこをしても自由だ。

useful

[júːsfəl] ユースフォゥ

形 役に立つ

3級

▶ This unko will certainly be **useful** for you some day.
このうんこはいつかきっときみの役に立つ。

important

[impɔ́ːrtənt] インポートゥント

形 重要な

4級

▶ The country is hiding an **important** secret about unko.
国は，うんこの重要な秘密をかくしている。

far

[fɑːr] ファーァ

副 遠くへ
形 遠い

4級

▶ Who told you to shoot the unko so **far**?
だれがあんな遠いところまでうんこを飛ばせと言った。

形容詞など

wrong

[rɔːŋ] ローング

形 正しくない, まちがった

▶ If you give the **wrong** answer, unko falls from above.
答えをまちがえると上からうんこが落ちてきます。

born

[bɔːrn] ボーン

形 生まれた

▶ This is my first time since I was **born** to see this shape of unko.
こんな形のうんこを見るのは生まれて初めてだ。

foreign

[fɔ́ːrin] フォーリン

形 外国の

▶ a **foreign** toy powered by unko
うんこで動く外国のおもちゃ

quiet

[kwáiət] クワイエト

形 静かな

▶ do unko in a **quiet** cave
静かなどうくつの中でうんこをする

safe

形 安全な

4級

[seif] セイフ

▶ I'd like to do unko somewhere **safe**.
もっと安全な場所でうんこがしたいです。

favorite

形 お気に入りの, 大好きな

5級

[féivərit] フェイヴァリッ

▶ Please listen to my **favorite** song, "Unko Night."
ぼくの大好きな歌「うんこの夜」を聞いてください。

形容詞など

own

形 自分自身の

4級

[oun] オウン

▶ Everyone, did you bring your **own** unko?
みなさん, 自分のうんこを持ってきましたか?

carefully

副 注意深く

4級

[kéərfəli] ケアフリィ

▶ If you look **carefully**, you can see unko on the screen.
注意深く見ると, 確かにうんこが映っている。

quickly

副 すばやく

[kwíkli] クウィクリィ

4級

▶ Michael **quickly** dodged the flying unko.

マイケルは飛んできたうんこをすばやくよけた。

slowly

副 ゆっくりと

[slóuli] スロウリィ

4級

▶ The police officer **slowly** approached the unko.

警察官がうんこにゆっくりと近づいていく。

🍩 もっと覚えるのじゃ！

🍩 **true**	[tru:] トゥルー	名 真実 形 本当の	3級
🍩 **strange**	[streindʒ] ストゥレインヂ	形 きみょうな	3級
🍩 **whole**	[houl] ホウゥ	形 全体の	3級
🍩 **common**	[kámən] カーモン	形 共通の, よくある	3級
🍩 **suddenly**	[sʌ́dnli] サドゥンリィ	副 とつ然	3級
🍩 **easily**	[íːzəli] イーズィリィ	副 簡単に	4級

数・量・
程度など
quantity

many

形 たくさんの

5級

[méni] メニ

▶ I wonder how **many** pieces of unko I've flushed so far.

これまでどれだけ多くのうんこを流してきただろう。

much

形 たくさんの
　　量の

5級

[mʌtʃ] マッチ

▶ pour too **much** salty water on unko

うんこに大量の塩水をかける

a lot of

形 たくさんの

5級

[ə lát əv] アラーッタヴ

▶ **A lot of** students brought their unko.

たくさんの児童がうんこを持ち寄ってくれました。

a few

[ə fjuː] ア フュー

形 少しの数の

▶ Let's put **a few** bricks on the unko.
うんこの上にレンガを2，3個のせておこう。

a little

[ə litl] ア リトゥウ

形 小さい，少しの量の

▶ put **a little** salt on the unko
うんこに少量の塩をかける

more

[mɔːr] モーア

形 もっと多くの
副 もっと多く

▶ Bring **more** blankets to put on the unko.
うんこにかぶせる毛布をもっと持ってきて。

most

[moust] モウスト

形 もっとも多い
副 もっとも

▶ The person who says, "Unko!," the **most** pleasantly wins.
一番さわやかに「うんこ！」と言った人の勝ちです。

very

副 とても

[véri] ヴェリ

▶ This is a **very** nice planet, but it doesn't have enough unko.

ここはとてもいい星だ。でもうんこが足りない。

5級

really

副 本当に

[ríːəli] リーアリィ

▶ Is this unko? **Really**?

これはうんこですか？　本当に？

形容詞など

4級

enough

形 十分な

[inʌ́f] イナフ

▶ We have **enough** unko now, so let's escape.

うんこは十分集まったので、早くだっ出しよう。

5級

only

副 ただ〜だけ
形 ゆいーの

[óunli] オウンリィ

▶ the **only** teacher who gave me unko

ぼくにうんこをくれた、たった一人の先生

half

4級

名 半分
形 半分の

[hæf] ヘァフ

▶ cut a piece of unko in **half** with a cutter
カッターでうんこを半分に切る

---

all

5級

形 すべての
代 すべて

[ɔːl] オーゥ

▶ Collect **all** the unko in the country in the palace.
この国にあるすべてのうんこを宮でんに集めよ。

---

some

5級

形 いくつかの
代 〜のうちの
いくつか

[sʌm] サム

▶ I have **some** cases for unko.
うんこ用のケースならいくつか持っています。

---

any

5級

形 少しも〜ない,
いくらかの

[éni] エニィ

おもに否定したり,
たずねたりする
ときに使うのじゃ。

▶ Do you have **any** cases for unko?
うんこ用のケースをいくつか持っていませんか?

other

形 他の
代 他のもの, 他の人

[ʌ́ðər] アザァ

▶ There are **other** ways to get unko.
うんこを手に入れる方法は, まだ他にもある。

4級

another

形 もう1つの
代 もう1つのもの

[ənʌ́ðər] アナザァ

▶ It's OK. I have **another** piece of unko in my pocket.
だいじょうぶ。ポケットにもう1つうんこが入っています。

4級

every

形 どの～もみんな,
～ごとに, ～おきに

[évri] エヴリィ

▶ make a different pose **every** day when doing unko
毎日ちがうポーズでうんこをする

5級

each

[iːtʃ] イーチ 形 それぞれの, おのおのの

▶ put a flag in **each** piece of unko
うんこ1つ1つに旗を立てる

4級

形容詞など

everything

（4級）

代 全部

[évriθiŋ] エヴリスィング

▶ What do you like about this unko? —**Everything.**
このうんこのどこが好きなんですか？―全部です。

something

（4級）

代 何か

[sʌ́mθiŋ] サムスィング

▶ I'm doing unko now, but I'll drink **something** cold.
うんこのと中だけど, 何か冷たいものでも飲もう。

anything

（4級）

代 何か

おもに否定したり,
たずねたりする
ときに使うのじゃ。💩

[éniθiŋ] エニスィング

▶ Do you have **anything** to put this unko on?
何かうんこをのせる台になるものはありませんか？

nothing

（4級）

代 何もないこと

[nʌ́θiŋ] ナスィング

▶ There's **nothing** that can replace unko.
うんこの代わりになるものなどない。

everyone

代 だれでも
みんな

[évriwʌn] エヴリワン

▶ **Everyone** in this village carries unko around.

この村の人はみんなうんこを持ち歩いている。

---

someone

4級

[sʌ́mwʌn] サムワン

代 だれか

▶ **Someone** is hiding behind the unko.

うんこのうしろにだれかがかくれている。

---

anyone

4級

代 だれか

[éniwʌn] エニワン

▶ Can **anyone** help me carry this unko?

どなたかうんこを運ぶのを手伝ってくれませんか？

---

always

4級

副 いつも

[ɔ́:lweiz] オーゥウェイズ

▶ He **always** drags unko behind him when he walks.

かれはいつもうんこを引きずって歩いている。

形容詞など

usually

4級

副 ふつう, たいてい

[júːʒuəli] ユージュアリィ

▶ My father **usually** comes home around noon to do unko.
父はたいてい昼ごろにうんこをしに帰ってくる。

often

4級

副 しばしば, よく

[ɔ́ːfən] オーフン

▶ My grandfather **often** yells "Unko!" at midnight.
祖父は午前０時にしばしば「うんこ！」とさけぶ。

sometimes

4級

副 ときどき

[sʌ́mtaimz] サムタイムズ

▶ My brother **sometimes** forgets to wipe his unko.
兄はときどきうんこをふくのを忘れる。

never

3級

副 一度も〜ない, 決して〜ない

[névər] ネヴァァ

▶ My brother **never** lets go of his unko, even in bed.
弟はねるときも決してうんこを手放さない。

éven

[íːvən] イーヴン

副 ～でさえも，～すら

▶ **Even** the president respects his unko.
大統領ですらも，かれのうんこには敬礼する。

álmost

副 ほとんど，
だいたい

[ɔ́ːlmoust] オーゥモウスト

▶ I have unko from **almost** every country in the world.
世界のほとんどすべての国のうんこを手に入れた。

alóne

副 他にだれも
いなくて

[əlóun] アロウン

▶ The teacher was doing unko **alone** in the classroom.
教室で先生が一人でうんこをしていた。

形容詞など

気分など

feelings

5級

good

形 よい

[gud] グッド

▶ Be a **good** boy and let go of that unko.

さあ，いい子だ。うんこを放しなさい。

5級

happy

形 幸福な，楽しい

[hǽpi] ヘアピィ

▶ I'm **happy** we could all talk about unko.

みんなでうんこの話ができて幸せです。

glad

形 うれしい

[glǽd] グレアド

▶ I'm **glad** to get a compliment from you on my unko.

きみにうんこをほめられるなんてうれしい。

great

5級

形 い大な, すばらしい

[greit] グレイト

▶ He is a **great** professional unko player.
かれはい大なプロうんこ選手だ。

fine

5級

形 すばらしい, 元気な, 結構な

[fain] ファイン

▶ How about a piece of unko? —I'm **fine**, thanks.
うんこを1個いかがですか?—だいじょうぶです。ありがとう。

形容詞など

sad

5級

形 悲しい

[sæd] セァド

▶ do unko while listening to a **sad** song
悲しい曲を聞きながらうんこをする

angry

5級

形 おこった

[ǽngri] エァングリィ

▶ Why are you doing unko with an **angry** face?
どうしてそんなおこった顔でうんこをしているの?

sleepy

5級

形 ねむい

[slíːpi] スリーピィ

▶ I was talking about unko all night, so I'm **sleepy** today.
一晩じゅううんこの話をしていたので今日はねむい。

tired

5級

形 つかれた

[táiərd] タイアァド

▶ When you're **tired**, you should rub some unko on your shoulders.
つかれたときは，うんこをかたにぬるといいよ。

busy

5級

形 いそがしい

[bízi] ビズィ

▶ I'm so **busy** that I didn't notice when I did unko in my pants.
いそがしすぎて，うんこをもらしても気づかなかった。

hungry

5級

形 おなかが
すいた

[hʌ́ŋgri] ハングリィ

▶ I'm **hungry** now, so let's stop doing unko for now.
おなかがすいたので，いったんうんこを切り上げよう。

thirsty

形 のどの
かわいた

[θə́ːrsti] サ〜スティ

▶ If you're **thirsty,** you should rub some unko on your neck.

のどがかわいたら，うんこを首にぬるといいよ。

sick

形 病気の，
気分が悪い

[sik] スィック

▶ I was **sick,** but I saw your unko so I feel better now.

気分が悪かったが，きみのうんこを見たら治った。

interested

形 興味がある

[íntəristid] インタレスティド

▶ I'm **interested** in the latest unko.

ぼくは最新型のうんこに興味がある。

afraid

形 おそれた，
こわがった

[əfréid] アフレイド

▶ There's no need to be **afraid** of unko.

うんこをこわがる必要なんて何もない。

形容詞など

full

形 いっぱいの, おなか いっぱいの

[ful] フゥ

▶ an aquarium **full** of unko

うんこでいっぱいの水そう

4級

excited

形 わくわくした

[iksáitid] イクサイティド

▶ I get **excited** when I see unusual unko.

めずらしいうんこを見るとわくわくする。

4級

🐚 もっと覚えるのじゃ！

🐚 **bored**	[bɔ:rd] ボーァド	形 退くつした, あきた 4級
🐚 **surprised**	[sərpráizd] サプライズド	形 おどろいた 4級
🐚 **scary**	[skéəri] スケアリィ	形 こわい 3級
🐚 **proud**	[praud] プラウド	形 ほこらしい 3級
🐚 **feeling**	[fí:liŋ] フィーリング	名 感情 3級

性格など
せい かく

personal characteristics

5級

kind

形 **親切な**
しん せつ

名 **種類**
しゅ るい

[kaind] カインド

▶ A **kind** person brought my unko home to me.
親切な人がうんこを家に届けてくれた。
しん せつ　ひと　　　　　　　　　　　　　　　いえ　とど

5級

cute

形 **かわいい**

[kju:t] キュート

▶ A **cute** puppy is chasing a rolling piece of unko.
かわいい子犬が転がるうんこを追いかけている。
こ いぬ　ころ　　　　　　　　　　お

5級

pretty

形 **かわいらしい,
きれいな**

[príti] プリティ

t は
2つじゃよ。

▶ put a **pretty** dress on a piece of unko
うんこにかわいいワンピースを着せる
き

cool

形 すずしい，かっこいい

[ku:l] クーゥ

▶ I had a **cool** logo made for my unko.
うんこのかっこいいロゴを作ってもらった。

funny

形 おかしい

[fʌ́ni] ファニィ

▶ I have a **funny** story about unko. Do you want to hear it?
うんこのおかしな話があるんだけど聞く？

gentle

形 やさしい

[dʒéntl] ヂェントゥゥ

▶ caress unko in a **gentle** way
やさしい手つきでうんこをなでる

friendly

形 友好的な

[fréndli] フレンドリィ

▶ He was **friendly** until we started talking about unko.
うんこの話が始まるまでは友好的な態度だった。

áctive

[ǽktiv] エアクティヴ

形 活動的な

▶ How **active** these pieces of unko are!
なんて活発なうんこだ。

brave

形 勇気のある

[breiv] ブレイヴ

▶ The **brave** boy is getting very close to the unko.
勇かんな少年がうんこにギリギリまで近づいていく。

形容詞など

💩 もっと覚えるのじゃ！

💩 **smart**	[smɑːrt] スマーアト	形 かしこい	3級
💩 **fantástic**	[fæntǽstik] フェアンテアスティク	形 すばらしい	3級
💩 **tough**	[tʌf] タフ	形 がんばり屋の, タフな, かたい	3級
💩 **chéerful**	[tʃíərfəl] チアフォウ	形 元気な, 明るい	3級
💩 **cáreful**	[kéərfəl] ケアフォウ	形 注意深い	3級

形容詞など

味など

taste and texture

5級

delicious

[dilíʃəs] ディリシャス

形 とても おいしい

▶ Even **delicious** food becomes unko after you eat it.
おいしい料理も，食べてしまえばうんこに変わる。

5級

sweet

[swiːt] スウィート

形 あまい

▶ I can only do unko while eating **sweet** things.
あまいものを食べながらじゃないとうんこできない。

5級

hot

[hɑt] ハーッ

形 からい，暑い，熱い

▶ I'll tell you now: it's so **hot** you'll do unko in your pants.
言っておくけど，うんこがもれるくらい，からいよ。

cold

形 冷たい，寒い
名 （病気の）かぜ

[kould] コウゥド

▶ David's unko is **cold** like snow.
デビッドのうんこは雪のように冷たい。

hard

形 かたい，難しい
副 一生けん命に

[ha:rd] ハーァド

▶ hit unko with **hard** bread
カチカチのパンでうんこをたたく

bitter

形 苦い

[bítər] ビタァ

▶ make a face like you ate something **bitter** when doing unko
苦いものを食べたような顔でうんこをする

形容詞など

sour

形 すっぱい

[sáuər] サウアァ

▶ make a face like you ate something **sour** when doing unko
すっぱいものを食べたような顔でうんこをする

spicy

[spáisi] スパイスィ

形 からい，スパイスの効いた

▶ pour ultra **spicy** sauce on unko

うんこに激からソースをかける

salty

[sɔ́ːlti] ソーゥティ

形 しょっぱい，塩からい

▶ unko that's been pickled in **salty** water for a year

しょっぱい水に1年間つけておいたうんこ

soft

[sɔːft] ソーフト

形 やわらかい

▶ unko about as **soft** as an eclair

エクレアくらいのやわらかさのうんこ

動詞

どう し

verbs

be

[bi:] ビー

動 〜である、
いる

5級

▶ I want to **be** unko.

うんこになってみたい。

am

[æm] エァム

動 〜である、
いる

5級

▶ I **am** unko.

ぼくはうんこだ。

are

[ɑ:r] アーァ

動 〜である、
いる

5級

▶ We **are** unko.

われわれはうんこだ。

you, we, they
などといっしょに
使うのじゃ。

is

動 ～である、いる

5級

[iz] イズ

▶ This **is** my favorite unko.
これはぼくのお気に入りのうんこだ。

was

動 ～であった、いた

4級

[wɑz] ワーズ

▶ There's no mistake. That **was** definitely unko.
見まちがいじゃない。今のは絶対にうんこだった。

were

動 ～であった、いた

4級

[wəːr] ワ～

▶ I saw a flock of pieces of unko. They **were** beautiful.
うんこの大群を見た。とても美しかった。

do

動 ～する
助 否定文や疑問文をつくる

5級

[duː] ドゥー

▶ **Do** you have unko? —Yes, I **do**.
きみはうんこを持っていますか？—はい、持っています。

does

5級

[dʌz] ダズ

動 〜する
助 否定文や疑問文をつくる

▶ **Does** he know a lot about unko? —Yes, he **does**.

かれはうんこにくわしいですか？—はい，くわしいです。

did

4級

[did] ディド

動 〜した
助 否定文や疑問文をつくる

▶ **Did** you do unko without a problem? —No, I **did** it in my pants.

無事にうんこできましたか？—いいえ，もらしました。

like

5級

[laik] ライク

動 好きだ
前 〜のような

▶ I **like** unko that's easy to hold.

私は持ちやすいうんこが好きだ。

動作

play

5級

[plei] プレイ

動 (スポーツを)する，(楽器を)演奏する，遊ぶ

▶ do unko while **playing** the organ

オルガンを演奏しながらうんこをする

have

動 持っている，食べる

5級

[hæv] ヘァヴ

▶ I **have** 200 pieces of unko.

うんこを 200 個持っています。

want

動 ほしい，(want to で) ～したい

5級

[wɑnt] ワーント

▶ I **want** a photo collection of unko.

うんこの写真集がほしい。

eat

動 食べる

5級

[iːt] イート

▶ do unko while **eating** *chirashi-zushi*

ちらしずしを食べながらうんこをする

drink

動 飲む

5級

[driŋk] ドゥリンク

▶ do unko while **drinking** *amazake*

あま酒を飲みながらうんこをする

cook

動 **料理する**
名 **料理人**

5級

[kuk] クック

▶ do unko while **cooking** crab fried rice

カニチャーハンを作りながらうんこをする

study

5級

[stʌ́di] スタディ

動 **勉強する**

▶ do unko while **studying** law

法律を勉強しながらうんこをする

run

動 **走る**

5級

[rʌn] ラン

▶ do unko while **running** backward

うしろ向きに走りながらうんこをする

walk

動 **歩く，歩きで行く**
名 **散歩**

5級

[wɔːk] ウォーク

▶ do unko while **walking** on flames

ほのおの上を歩きながらうんこをする

動作

sing

[動] 歌う

[siŋ] スィング

▶ **Sing** the hit song, "Unko of Love," together.
ヒット曲「愛のうんこ」をみんなで歌おう。

swim

[動] 泳ぐ

[swim] スウィム

▶ The stunt man **swims** in the unko pool.
スタントマンがうんこのプールで泳ぐ。

skate

[動] スケートをする

[skeit] スケイト

▶ **skate** on frozen unko
こおったうんこの上でスケートをする

ski

[動] スキーをする

[ski:] スキー

▶ I fell while I was **skiing** and did unko in my pants.
スキーで転んだときにうんこがもれた。

dance

5級

動 おどる
名 ダンス

[dæns] デァンス

▶ A man with unko and a tambourine is **dancing**.
うんことタンバリンを持った男がおどっている。

kick

4級

動 ける

[kik] キック

▶ **kick** a piece of unko as hard as you can
うんこを思いっきりける

jump

5級

動 ジャンプする

[dʒʌmp] ヂャンプ

▶ Sam **jumped** beautifully and landed on top of the unko.
サムは見事にジャンプして，うんこの上に着地した。

動作

throw

3級

動 投げる

[θrou] スロウ

▶ roll up unko and **throw** it across the river
うんこを丸めて川の向こうに投げる

read

[ri:d] リード

動 読む

▶ **read** the small letters carved in the unko
うんこに刻まれた小さな文字を読む

go

[gou] ゴウ

動 行く

▶ **go** to my father's office to deliver unko
うんこを届けに父の会社へ行く

「ゴー」ではなく「ゴウ」と言うと英語らしく聞こえるぞ。

turn

[təːrn] ターン

動 曲がる
名 順番

▶ **Turn** right and the principal is doing unko there.
そこを右に曲がると校長先生がうんこをしていますよ。

come

[kʌm] カム

動 来る

▶ **Come** here and show the unko in your hand.
こっちへ来て，手に持っているうんこを見せなさい。

buy

動 買う

[bai] バイ

▶ **buy** unko, matches and gunpowder
うんことマッチと火薬を買う

sell

4級

動 売る

[sel] セゥ

▶ I'll **sell** the unko I don't need anymore.
いらなくなったうんこを売ろう。

see

5級

動 見る，会う

[si:] スィー

▶ **see** the unko lined up in the schoolyard from the roof
校庭に並べたうんこを屋上から見る

動作

look

5級

動 見る，
　 〜に見える

[luk] ルック

▶ Stop doing unko for a minute and **look** here.
いったんうんこをやめてこっちを見なさい。

listen

5級

動 聞く

[lísn] リスン

▶ I always want to do unko when I **listen** to this song.
この曲を聞くとなぜかうんこがしたくなる。

hear

4級

動 聞こえる

[híər] ヒアァ

▶ I can **hear** my father doing unko even from school.
学校からでも父のうんこの音が聞こえる。

get

5級

動 手に入れる,
(get to で) 〜に着く

[get] ゲッ

▶ If you ask him, you can **get** any kind of unko.
かれに言えばどんなうんこでも手に入れられるよ。

make

5級

動 作る

[meik] メイク

▶ carve unko and **make** a container
うんこをくりぬいて入れ物を作る

enjoy

動 楽しむ

[indʒɔ́i] エンヂョイ

▶ roll pieces of unko and **enjoy** bowling
うんこを転がしてボウリングを楽しむ

practice

動 練習する

[prǽktis] プレァクティス

▶ Today let's **practice** doing unko under water.
今日は水中でうんこをする練習をしよう。

ride

動 乗る

[raid] ライド

▶ **ride** a unicycle holding unko in both hands
うんこを両手に持って一輪車に乗る

teach

動 教える

[tiːtʃ] ティーチ

▶ **teach** students the correct way to hold unko
児童にうんこの正しいにぎり方を教える

動作

visit

4級

[vízit] ヴィズィッ

動 訪問する

▶ **visit** a memorable spot where you did unko in your pants
うんこをもらした思い出の場所を訪れる

write

5級

[rait] ライト

動 書く

▶ use unko to **write** on *hanshi*
半紙にうんこで字を書く

draw

4級

[drɔ:] ドゥロー

動 (線で絵を)かく

▶ Why don't you try **drawing** something other than unko?
たまにはうんこ以外のものもかいてみない?

take

5級

[teik] テイク

動 手に取る,持っていく

▶ He **takes** unko without hesitation.
彼は迷いなくうんこを手に取る。

「ふろに入る」,「写真をとる」というときにも使うぞ。

fly

[flai] フライ 動 飛ぶ

▶ I'll never believe the rumor that unko can **fly.**
うんこが空を飛ぶなんて話，ぼくは信じない。

stand

[stænd] ステァンド 動 立つ

▶ **stand** on unko and let out a roar
おたけびを上げながらうんこの上に立つ

sit

[sit] スィッ 動 すわる

▶ I'll show you that I can do unko without **sitting.**
うんこはすわらないでもできるということをお見せします。

clean

[kli:n] クリーン 動 そうじする
形 清潔な

▶ **clean** the hallway filled with unko
うんこまみれのろうかをそうじする

動作

talk

動 話す

[tɔːk] トーク

▶ Let's go to a café and **talk** about unko sometime.
今度カフェでうんこの話でもしましょう。

speak

動 (言語を)話す

[spiːk] スピーク

▶ unko that **speaks** French
フランス語を話すうんこ

tell

動 言う，伝える

[tel] テゥ

▶ **Tell** me why you put unko in the washing machine.
洗たく機にうんこを入れた理由を言いなさい。

say

動 言う，
口に出す

[sei] セイ

▶ I **say**, "Goodbye," when I flush unko down the toilet.
ぼくはうんこを流すとき「さようなら」と言う。

brush

[brʌʃ] ブラシ

動 ブラシで みがく
名 ブラシ

▶ **brush** unko until it sparkles

うんこをみがいてピカピカにする

cut

[kʌt] カッ

動 切る

▶ Please **cut** this piece of unko into five with a knife.

このうんこをナイフで5等分に切りなさい。

meet

[miːt] ミート

動 会う

▶ I'm **meeting** my mentor, who taught me what unko is.

ぼくにうんこを教えてくれた恩人に会う。

動作

help

[help] ヘゥプ

動 手伝う, 助ける

▶ a robot that **helps** people who have done unko in their pants

うんこをもらした人を助けるロボット

open

[óupən] オウプン

動 開く
形 開いている

▶ It's a mechanism where if you **open** the door, unko will go out.
とびらを開けるとうんこが飛び出してくる仕組みです。

5級

---

close

[klouz] クロウズ

動 閉じる，閉まる

▶ There's unko stuck in there so the window won't **close**.
うんこが引っかかって，窓が閉められない。

5級

---

stop

[stɑp] スターップ

動 やめる，止まる

▶ I can't **stop** doing unko so suddenly.
そんな急にうんこを止めるのは無理だよ。

5級

---

put

[put] プッ

動 置く

▶ **put** a piece of unko on either side of the bed
ベッドの両側にうんこを1つずつ置く

4級

think

4級

動 思う, 考える

[θiŋk] スィンク

▶ I **think** that's my unko that you stepped on.
きみがふんだのはぼくのうんこだと思う。

join

4級

動 参加する

[dʒɔin] ヂョイン

▶ Would you like to **join** the "Mayoral Unko Study Tour?"
「市長のうんこ見学ツアー」に参加しませんか?

touch

3級

動 さわる

[tʌtʃ] タッチ

▶ This unko shocks your hand if you **touch** it.
このうんこにさわると手がビリビリする。

wash

5級

動 洗う

[wɑʃ] ワーッシ

▶ **Wash** off unko that gets under your nails.
つめの間に入ったうんこもよく洗いましょう。

動作

drive

4級

動 運転する

[draiv] ドゥライヴ

▶ I should have done unko before **driving.**
運転する前にうんこをすませておけばよかった。

catch

4級

動 つかまえる
名 キャッチボール

[kætʃ] ケアッチ

▶ **catch** a piece of unko that's rolling down a hill
坂を転がるうんこを走ってつかまえる

sleep

4級

動 ねむる
名 すいみん

[sli:p] スリープ

sleepy で
「ねむい」の意味
じゃったな。

▶ **sleep** with unko by your pillow
まくら元にうんこを置いてねむる

use

4級

動 使う

[ju:z] ユーズ

▶ If you want, you can **use** this unko.
よかったらこのうんこ, 使いますか?

call

動 呼ぶ，電話する

[kɔːl] コーゥ

▶ I want to take this unko with me, so please **call** a taxi.
うんこを運びたいのでタクシーを呼んでください。

wear

動 身につけている

[weər] ウェアァ

▶ I wonder how many pieces of unko he **wears** on him.
いったいかれはうんこをいくつ身につけているんだ。

live

動 住む，暮らす

[liv] リヴ

▶ **live** inside unko
うんこの中で暮らす

動作

start

動 始める，始まる，出発する

[staːrt] スターァト

▶ OK, **start** doing unko on the count of 3.
では「3，2，1」でうんこを始めてください。

finish

4級

動 終わらせる, 終わる

[fíniʃ] フィニシ

▶ If only I had this unko, I could **finish** the war.
このうんこさえあれば，戦争を終わらせられる。

wait

4級

動 待つ

[weit] ウェイト

▶ I'll be **waiting** at Tokyo Station with red unko.
赤いうんこを持って東京駅で待っています。

work

5級

動 働く
名 仕事

[wəːrk] ワ～ク

▶ I want to buy more unko, so I'll **work** harder.
もっとうんこを買いたいので，がんばって働こう。

bake

4級

動 (パンやケーキ
などを) 焼く

[beik] ベイク

▶ **bake** unko to a golden brown color in the oven
うんこをオーブンでこんがりと焼く

win

4級

動 勝つ

[win] ウィン

▶ I'll give my unko to the one who **wins** in *janken*.

じゃんけんで勝ったほうにぼくのうんこをあげよう。

lose

4級

動 負ける，なくす

[luːz] ルーズ

▶ If I **lose** the match, I'll never do unko again.

もし試合に負けたら，一生うんこはしません。

borrow

4級

動 借りる

[bárou] バーロウ

▶ I'm going to **borrow** this unko for a bit.

このうんこ，ちょっと借りるよ。

動作

cry

4級

動 泣く，さけぶ

[krai] クライ

▶ An actress is hugging unko and **crying**.

女優がうんこをだきしめて泣いている。

send

[send] センド

動 送る ⁴級

▶ I'll **send** you an e-mail later regarding the unko.

あとでうんこの件でメールを送ります。

order

[ɔ́ːrdər] オーダァ

動 注文する
名 注文, 順番 ⁴級

▶ **order** a jersey for doing unko

うんこするとき用のジャージを注文する

know

[nou] ノウ

動 知っている ⁵級

▶ You don't **know** the true form of unko yet.

きみはまだ, うんこの本当の姿を知らない。

give

[giv] ギヴ

動 あたえる ⁵級

▶ There's extra purple unko, so I can **give** you some.

むらさきのうんこなら余ってるからあげるよ。

feel

動 感じる

[fíːl] フィーゥ

4級

▶ It **feels** like I have unko on my back.
背中にうんこがついているような感じがする。

leave

動 去る，
出発する

[líːv] リーヴ

5級

▶ Tomorrow I **leave** this town with only one piece of unko.
明日，うんこ1つだけ持って，この町を去る。

paint

動 (筆で) ぬる，
ペンキを
ぬる

[péint] ペイント

3級

▶ **paint** unko pure white
うんこをペンキで真っ白にぬる

travel

動 旅行する
名 旅行

[trǽvəl] トゥレアヴェゥ

3級

▶ I keep all of the unko I've done when **travelling**.
旅行のときにしたうんこは全部とってあります。

動作

save

[seiv] セイヴ

動 (お金などを) たくわえる, 節約する, 救う

3級

▶ I'm **saving** to buy the unko I want.

ほしいうんこを買うために節約してるんです。

grow

[grou] グロウ

動 育てる, 成長する

3級

▶ This piece of unko **grows** if you give it sea water.

このうんこに海水をあたえると成長する。

spell

[spel] スペゥ

動 つづる, 1文字ずつ書く

4級

▶ How do you **spell** "unko"?

「うんこ」はどのようなつづりですか?

feed

[fi:d] フィード

動 えさをやる

▶ My brother is **feeding** unko.

弟がうんこにえさをあげている。

try

4級

動 やってみる

[trai] トゥライ

▶ Let's **try** blowing air on unko with a dryer.
うんこにドライヤーで風を当ててみよう。

climb

3級

動 登る

mb のつづりに
気をつける
のじゃ。

[klaim] クライム

▶ **climb** a mountain with a large amount of unko on your back
大量のうんこを背負って山を登る

collect

3級

動 集める

[kəlékt] コレクト

▶ The unko I've **collected** is stored in the shed.
ぼくが集めたうんこは倉庫にしまってある。

ask

4級

動 たずねる,
たのむ

[æsk] エァスク

▶ **ask** the teacher the correct way to hold unko
先生にうんこの正しい持ち方をたずねる

動作

stay

4級

動 たい在する
名 たい在

[stei] ステイ

▶ I will **stay** in this village for a while to search for unko.
うんこを探すため，しばらくこの村にたい在します。

love

5級

動 大好きだ
名 愛

[lʌv] ラヴ

▶ I **love** drawing pictures of unko.
私はうんこの絵をかくのが大好きだ。

answer

4級

動 答える
名 答え

w を忘れない
ようにするのじゃ。

[ǽnsər] エァンサァ

▶ Stop doing unko and **answer** the question.
うんこをやめて質問に答えなさい。

pass

3級

動 手わたす，
（試験などに）
合格する

[pæs] ペァス

▶ Could you **pass** me the unko on the shelf?
たなにあるうんこを取ってくれませんか？

learn

動 学ぶ，習う

[ləːrn] ラ～ン

▶ You must **learn** how to do unko.
きみはうんこの仕方を学ばねばならない。

become

動 ～になる

[bikʌ́m] ビカム

▶ It will **become** a problem if you leave this unko alone.
このうんこを放っておくとまずいことになる。

need

動 必要とする

[niːd] ニード

▶ I definitely **need** your unko.
どうしてもきみのうんこが必要なんだよ。

show

動 見せる

[ʃou] ショウ

▶ I'll **show** you what real unko is.
では本当のうんこというものをお見せしましょう。

動作

find

[faind] ファインド

動 見つける ④級

▶ training to **find** unko in the dark
暗やみでうんこを見つけるための訓練

forget

[fərgét] フォアゲッ

動 忘れる ④級

▶ **forget** how to flush unko down the toilet
うんこの流し方を忘れる

break

[breik] ブレイク

動 こわす ④級

▶ We can't get to the unko unless we **break** this wall.
このかべをこわさないとうんこの所に行けない。

die

[dai] ダイ

動 死ぬ ③級

▶ I thought I was going to **die** when I fell in the unko swamp.
うんこのぬまに落ちたときは死ぬかと思った。

pay

動 支はらう

[pei] ペイ

▶ I'll **pay** any amount to get unko.

うんこを手に入れるためならいくらでもはらうよ。

understand

[ʌndərstǽnd] アンダステァンド

動 理解する

▶ I **understand** the people who carry unko around.

うんこを持ち歩く人が理解できる。

mean

動 意味する

[miːn] ミーン

▶ This sign **means**, "Beware of unko."

この標識は「うんこに注意」という意味だ。

動作

choose

動 選ぶ

[tʃuːz] チューズ

▶ **choose** a hat to put on unko

うんこにかぶせるぼうしを選ぶ

mind

動 気にする
名 心，精神

[maind] マインド

▶ I just got some unko on my face, so don't **mind** me.
顔にうんこがついただけだから，気にしないでいいよ。

decide

動 決める

[disáid] ディサイド

▶ I'll **decide** for myself whether to do unko or not.
うんこをするかどうかは自分で決めます。

keep

動 ～のままに
する

[ki:p] キープ

▶ Please **keep** burning the unko until tomorrow morning.
明日の朝までうんこを燃やし続けてください。

happen

動 起こる

[hǽpən] ヘァプン

▶ Something will **happen** to the unko tonight.
今夜，うんこに何かが起きるだろう。

change

動 変わる
名 おつり

[tʃeindʒ] チェインヂ

▶ When you chant the spell, this unko **changes** into a sword.
このうんこはじゅ文を唱えるとけんに変わる。

move

動 動く，動かす

[mu:v] ムーヴ

▶ Unko **moves** little by little until it's out of the toilet.
うんこが少しずつ動いてトイレから出る。

arrive

動 とう着する

[əráiv] アライヴ

▶ When you **arrive** at the platform, yell "Unko!"
ホームに着いたら「うんこ！」とさけんでください。

動作

introduce

動 しょうかい
する

[intrədjú:s] イントゥロデュース

▶ I'll **introduce** someone who can do aqua blue unko to you.
水色のうんこができる人をしょうかいします。

agree

③級

[əgríː] アグリー

動 意見が合う

▶ We **agree** when it comes to unko.
ぼくたち，うんこに関しては意見が合うね。

spend

④級

[spend] スペンド

動 過ごす，ついやす

▶ **spend** your life on unko research
うんこの研究に一生をついやす

build

④級

[bild] ビッウ

動 建てる

▶ **build** a building to store unko
うんこを保管するためのビルを建てる

u を忘れない
ように気をつける
のじゃ。

exchange

③級

[ikstʃéindʒ] イクスチェインヂ

動 交かんする

▶ **exchange** unko after a game
試合後はたがいのうんこを交かんする

share

[ʃeər] シェア

動 分け合う

▶ Five brothers **share** one piece of unko.
1つのうんこを5人兄弟で分け合う。

pick

[pik] ピック

動 拾う，選ぶ，
つみ取る

▶ **pick** up a small piece of unko with tweezers
小さなうんこをピンセットでつまみ取る

miss

[mis] ミス

動 のがす，
さみしく思う

▶ If I **miss** the next train, I'll do unko in my pants.
次の電車をのがしたら，うんこがもれるだろう。

invite

[inváit] インヴァイト

動 招待する

▶ I was **invited** to the "See-the-prime-minister's-unko Meet."
「総理大臣のうんこを見る会」に招待された。

動作

✂ もっと覚えるのじゃ！

△ **hurry**	[hə́ːri] ハ〜リ	動 急ぐ	4級
△ **begin**	[bigín] ビギン	動 始める	5級
△ **check**	[tʃek] チェック	動 確にんする 名 確にん	4級
△ **dive**	[daiv] ダイヴ	動 飛びこむ	
△ **surf**	[səːrf] サ〜フ	動 サーフィンをする	
△ **lend**	[lend] レンド	動 貸す	3級
△ **carry**	[kǽri] ケアリィ	動 運ぶ	4級
△ **set**	[set] セッ	動 設置する 名 ひと組，セット	4級
△ **bring**	[briŋ] ブリング	動 持ってくる	4級
△ **hope**	[houp] ホウプ	動 願う，望む	4級
△ **remember**	[rimémbər] リメンバァ	動 覚えている， 思い出す	3級
△ **smile**	[smail] スマイゥ	動 にっこり ほほえむ	4級

△ laugh	[læf] レァフ	動 声に出して笑う	3級
△ impress	[imprés] インプレス	動 印象づける	
△ realize	[ríːəlaiz] リーアライズ	動 気づく,実現する	
△ disappear	[disəpíər] ディサピァァ	動 消える	
△ worry	[wə́ːri] ワ〜リィ	動 心配する	3級
△ believe	[bilíːv] ビリーヴ	動 信じる	3級
△ hold	[hould] ホウゥド	動 持つ,にぎる	3級
△ explain	[ikspléin] イクスプレイン	動 説明する	3級
△ notice	[nóutis] ノウティス	動 気づく 名 注意書き	3級
△ shout	[ʃaut] シャウト	動 さけぶ	3級
△ communicate	[kəmjúːnəkeit] コミューニケイト	動 伝える	
△ hop	[hɑp] ハーップ	動 ぴょんととぶ	

動作

動作を表す フレーズ
action phrases

5級

get up
起きる

[get ʌp] ゲッタップ

▶ Let's talk about unko as soon as we **get up** tomorrow morning.
朝起きたらすぐにうんこの話をしよう。

5級

wash my face
顔を洗う

[waʃ mai feis] ワッシ マイ フェイス

▶ They took my unko while I was **washing my face**.
顔を洗っている間にうんこを持っていかれた。

5級

get the newspaper
新聞をとってくる

[get ðə njú:zpeipər] ゲッ ザ ニューズペイパァ

▶ Don't do unko. And can you **get the newspaper**?
うんこなんかしてないで，新聞をとってきて。

have breakfast

5級

[hæv brékfəst] ヘァヴ ブレクファスト

朝食をとる

▶ sit on unko and **have breakfast**
うんこに座って朝食をとる

eat breakfast とも言うぞい。

brush my teeth

5級

[brʌʃ mai tiːθ] ブラシ マイ ティース

歯をみがく

▶ Forget the unko, at least when you're **brushing your teeth**.
歯をみがくときくらい，うんこを置きなさい。

change my clothes

4級

[tʃeindʒ mai klouz] チェインヂ マイ クロウズ

着がえる

▶ I **change my clothes** every time I do unko.
私はうんこをするたびに服を着がえます。

動作

put on my shoes

4級

[put ən mai ʃuːz] プトン マイ シューズ

くつをはく

▶ The entrance is covered in unko so I can't **put on my shoes**.
げん関がうんこだらけでくつがはけない。

leave my house

5級

[li:v mai haus] リーヴ マイ ハウス

家を出発する

▶ I stepped in unko as soon as I **left my house.**

家を出発してすぐ，うんこをふんだ。　left:leave の過去形

go to school

5級

[gou tə sku:l] ゴウ トゥ スクーゥ

学校へ行く，登校する

▶ **go to school** while talking with my friend about unko

友人とうんこの話をしながら学校へ行く

get to school

5級

[get tə sku:l] ゲットゥ スクーゥ

学校に着く，登校する

▶ I'll have done unko in my pants before I **get to school.**

学校に着く前にうんこがもれるだろう。

study English

5級

[stʌ́di íŋgliʃ] スタディ イングリシ

英語を勉強する

▶ **study English** through unko drills

うんこドリルで英語を勉強する

look at the picture

[luk ət ðə pɪktʃər] ルッカッ ザ ピクチャァ

写真 [絵] を見る

▶ **look at the pictures** of old unko at the library
図書室で昔のうんこの写真を見る

have lunch

[hæv lʌntʃ] ヘァヴ ランチ

昼食をとる

▶ sit on unko and **have lunch**
うんこに座って昼食をとる

talk with a friend

[tɔːk wɪð ə frend] トーク ウィザ フレンド

友だちと話す

▶ **talk with a friend** about how many times we do unko
うんこをする回数について, 友だちと話す

動作

go home

家に帰る,
下校する

[gou houm] ゴウ ホウム

▶ I should have done unko before **going home.**
下校する前にうんこをしておけばよかった。

get home

5級

家に着く

[get houm] ゲット ホウム

▶ Sometimes I **get home** without doing unko in my pants.

たまにうんこをもらさずに家に着くこともある。

take off my shoes

4級

[teik ɔf mai ʃuːz] テイコフ マイ シューズ

くつをぬぐ

▶ When I **took off my shoes**, there was unko inside.

くつをぬいだら，中にうんこが入っていた。　took:take の過去形

do my homework

5級

[duː mai hóumwəːrk] ドゥー マイ ホウムワ〜ク

宿題をする

▶ play with unko after I **do my homework**

宿題をすませてからうんこで遊ぶ

set the table

4級

[set ðə téibl] セッ ザ テイボゥ

食たくの用意をする

▶ Please don't do unko, but **set the table**.

うんこではなく，食たくの用意をしてください。

have dinner

5級

[hæv dínər] ハヴ ディナァ

夕食をとる

eat dinner
とも言うのじゃ。

▶ sit on unko and **have dinner**
うんこに座って夕食をとる

wash the dishes

5級

[waʃ ðə díʃiz] ワッシ ザ ディッシィズ

食器を洗う

▶ keep an eye on the unko even when I **wash the dishes**
食器を洗うときもうんこから目をはなさない

turn on the TV

4級

[təːrn ən ðə tíːvíː] ターノン ザ ティーヴィー

テレビをつける

動作

▶ When I **turned on the TV**, there was a program about unko.
テレビをつけるとうんこの番組がやっていた。

watch TV

5級

テレビを見る

[watʃ tíːvíː] ワーッチ ティーヴィー

▶ There's a big piece of unko in the way, so I can't **watch TV**.
大きなうんこがじゃまでテレビが見えない。

turn off the TV

4級

[tə:rn əf ðə ti:ví:] ターノフ ザ ティーヴィー

テレビを消す

▶ I want to concentrate on doing unko, so **turn off the TV**.
うんこに集中したいのでテレビを消してください。

take a bath

5級

[teik ə bæθ] テイカ バァス

ふろに入る

▶ **take a bath** after rinsing off the unko on your body
体についたうんこを流してからふろに入る

go to bed

5級

[gou tə bed] ゴウ トゥ ベッド

ねる

▶ **go to bed** with unko
うんこといっしょにねる

wake up

4級

目を覚ます

[weik ʌp] ウェイカップ

▶ see a nightmare about unko and **wake up**
うんこの悪夢を見て目を覚ます

clean my room

[kli:n mai ru:m] クリーン マイ ルーム　自分の部屋をそうじする

▶ When I **cleaned my room**, I found a lot of unko.
部屋をそうじしたらうんこがたくさん出てきた。

water the flowers

[wɔ́:tər ðə fláuərz] ウォータァ ザ フラウアァズ　花に水をやる

▶ **Water the flowers.** Also, water the unko.
花に水をやる。うんこにも水をやる。

take out the garbage

[teik aut ðə gá:rbidʒ] テイカウザ ガーァベヂ　ごみ出しをする

▶ **take out the garbage** and take out the unko
ごみ出しとうんこ出し

walk my dog

[wɔ:k mai dɔ:g] ウォーク マイ ドーグ　犬の散歩をする

▶ I found an interesting piece of unko when I **walked my dog.**
犬の散歩のとき, めずらしいうんこを見つけた。

動作

have a piano lesson

5級

[hæv ə piǽnou lésn] ハヴァ ピエァノウ レスン ピアノのレッスンを受ける

▶ I **have a piano lesson** so I can't do unko today.
ピアノのレッスンがあるので，今日はうんこできない。

get on the bus

4級

[get ən ðə bʌs] ゲトン ザ バス
バスに乗る

▶ put unko on your head and **get on the bus**
頭にうんこをのせてバスに乗る

get off the bus

4級

[get ɔf ðə bʌs] ゲトフ ザ バス
バスを降りる

▶ I did unko in my pants right before I **got off the bus.**
バスを降りる直前にうんこがもれた。　got:get の過去形

go shopping

5級

[gou ʃápiŋ] ゴウ シャーッピング
買い物に行く

▶ bring money and unko and **go shopping**
お金とうんこを持って買い物に行く

go ×to shopping とは言わないぞ。

ride a bicycle

[raid ə báisikl] ライダ バイスィコウ 自転車に乗る

▶ **ride a bicycle** covered in unko
うんこまみれの自転車に乗る

read books

本を読む

[ri:d buks] リード ブックス

▶ **read books** about African unko
アフリカのうんこに関する本を読む

listen to music

音楽を聞く

[lísn tə mjú:zik] リスン トゥ ミューズィク

▶ My brother is doing unko while **listening to music.**
兄が音楽を聞きながらうんこをしている。

動作

turn left

左に曲がる

[tə:rn left] ターン レフト

▶ **Turn left** there and you're almost to the unko.
そこを左に曲がればうんこまであと少しだよ。

turn right

右に曲がる

[tɔːrn rait] ターン ライト

▶ Unko always **turns right** when I throw it.
うんこを投げるとどうしても右に曲がってしまう。

go straight

まっすぐ進む

[gou streit] ゴウ ストゥレイト

▶ push the unko out of the way and **go straight**
うんこをおしのけてまっすぐ進む

take care of 〜

〜の世話をする

[teik keər əv] テイッケアオヴ

▶ I spend 2 hours every day **taking care of** unko.
毎日うんこの世話をするのに2時間かかる。

take a shower

シャワーを浴びる

[teik ə ʃáuər] テイカ シャウアァ

▶ Don't do unko next to someone **taking a shower**.
人がシャワーを浴びてる横でうんこをしないで。

take pictures

4級

[teik píktʃərz] テイク ピクチャズ

写真をとる

▶ **Take pictures** of that unko and send them to me.
そのうんこ, 写真にとって送ってよ。

look for the key

3級

[luk fər ðə ki:] ルック フォ ザ キー

かぎを探す

▶ **look for the key** hidden in the unko
うんこの中にかくしたかぎを探す

stay home

4級

家にいる

[stei houm] ステイ ホウム

▶ I'll **stay home** until the unko I ordered arrives.
注文したうんこが届くまで, 家にいます。

動作

過去の動詞
past tense verbs

---

enjoyed
[indʒɔ́id] インヂョイド

動 楽しんだ
（＜ enjoy）

4級

▶ I **enjoyed** that school-wide simultaneous student unko.
全校児童同時うんこを楽しみました。

---

played
[pleid] プレイド

動 （スポーツを）した，
（楽器を）演奏した
（＜ play）

4級

▶ I **played** unko soccer with my friends on my day off.
休日に友人とうんこサッカーをした。

---

studied
[stʌ́did] スタディド

動 勉強した
（＜ study）

4級

▶ I **studied** but forgot everything when I did unko.
勉強したのに，うんこをしたら全部忘れてしまった。

watched

動 （テレビや映画を）
見た（< watch）

[wɑtʃt] ワーッチト

4級

▶ I recently **watched** the movie "Unko's Child."
この前，「うんこの子」という映画を見た。

went

動 行った（< go）

[went] ウェント

4級

▶ My father **went** to Kenya to find the legendary unko.
父はまぼろしのうんこを探しにケニアへ行った。

came

[keim] ケイム

動 来た（< come）

4級

▶ That unko **came** from the sea.
そのうんこは海からやって来た。

had

動 持っていた，
食べた
（< have）

[hæd] ヘァド

4級

▶ My grandfather **had** some of Sakamoto Ryoma's unko.
祖父は坂本龍馬のうんこを持っていた。

got

[gɑt] ガッ

動 手に入れた
(< get)

▶ I **got** the ability to turn unko into magma.
うんこをマグマに変える能力を手に入れた。

saw

[sɔː] ソー

動 見た，会った
(< see)

▶ I **saw** a man selling unko in the park.
公園でうんこを売っているおじさんを見ました。

ate

[eit] エイト

動 食べた
(< eat)

▶ You **ate** a fruit that turns the body into unko.
あなたが食べたのは，体がうんこになる実です。

made

[meid] メイド

動 作った
(< make)

▶ I **made** a device that can double the amount of unko.
うんこが2倍に増える装置を作った。

bought

動 買った
(< buy)

[bɔːt] ボート

▶ I **bought** a box to organize my unko.
うんこを整理するための箱を買った。

left

動 出発した
(< leave)

[left] レフト

▶ A ship with everyone's unko on it **left** the port.
みんなのうんこをのせた船が港を出発した。

met

動 会った
(< meet)

[met] メット

▶ I **met** someone who said, "I invented unko."
「私がうんこを発明した。」という人に会った。

動作

gave

動 あたえた
(< give)

[geiv] ゲイヴ

▶ I **gave** nutrients to my unko and it got bigger.
うんこに栄養をあたえたら大きくなってきた。

took

4級

[tuk] トゥク

動 とった（＜take）

▶ I **took** a lot of photos of unko.

うんこの写真をたくさんとった。

said

4級

動 言った（＜ say）

[sed] セド

発音は「セド」じゃ。

▶ I **said** "Don't touch that unko," right?

「そのうんこにさわらないで」と言ったよね？

wrote

4級

動 書いた（＜ write）

[rout] ロウト

▶ The teacher **wrote** "unko" on the blackboard.

先生は黒板に「うんこ」と書いた。

ran

4級

動 走った（＜ run）

[ræn] レァン

▶ I **ran** through the schoolyard swinging unko around.

うんこをふり回して校庭を走った。

lost

動 なくした
(< lose)

[lɔːst] ロースト

▶ I **lost** my most precious piece of unko.
一番大事にしていたうんこをなくしてしまった。

found

動 見つけた
(< find)

[faund] ファウンド

▶ I **found** this unko in Belgium.
このうんこはベルギーで見つけました。

sent

動 送った
(< send)

[sent] セント

▶ I packed unko and **sent** it to my brother in Tokyo.
うんこをつめて東京の兄に送った。

動作

slept

動 ねむった
(< sleep)

[slept] スレプト

▶ Last night I **slept** using unko as a pillow.
昨日はうんこをまくら代わりにしてねむった。

spoke

4級

[spouk] スポウク 　動 話した（< speak）

▶ The unko **spoke** Japanese.
うんこが日本語を話した。

told

動 伝えた
（< tell）

4級

[tould] トウゥド

▶ You **told** him where the unko is, didn't you?
ちゃんとかれにうんこの場所を伝えましたか?

felt

動 感じた
（< feel）

4級

[felt] フェゥト

▶ I **felt** your kindness when you gave me unko.
うんこをくれたきみの優しさを感じました。

forgot

動 忘れた
（< forget）

4級

[fərgát] フォガッ

▶ I think I **forgot** my unko in the store.
さっきの店にうんこを忘れて来たみたいだ。

4

5級

what

[hwat] フワット

代 何
形 何の

What's は
What is を短くした
形じゃよ。

▶ **What** is unko?

うんこって何ですか?

5級

where

[hweər] フウェアァ

副 どこに,
どこで

▶ **Where** did you put my unko?

ぼくのうんこをどこへやった?

その他

5級

when

[hwen] フウェン

副 いつ

▶ **When** was the last time you did unko in your pants?

最後にうんこをもらしたのはいつですか?

who

5級

代 だれ

[hu:] フー

▶ **Who** taught you how to do unko like this?

だれにこんなうんこのしかたを教わりました?

why

4級

副 なぜ

[hwai] フワイ

▶ **Why** do you show up whenever I talk about unko?

なぜうんこの話になると寄ってくるのですか?

how

5級

副 どうやって, どんな

[hau] ハウ

▶ **How** did you find so much unko?

これだけのうんこをどうやって集めたのですか?

which

5級

[hwitʃ] フウィッチ 代 どちらが 形 どちらの

▶ **Which** unko do you like better?

どちらのうんこがきみの好みかな?

whose

形 だれの

[huːz] フーズ

▶ I wonder **whose** unko will claim victory.

はたしてだれのうんこが優勝にかがやくのか？

how many

いくつの

[hau méni] ハウ メニ

▶ **How many** pieces of unko do you have in your pocket?

いったいポケットにいくつのうんこを入れてるんだ？

how much

いくら

[hau mʌtʃ] ハウ マッチ

▶ **How much** does it cost to rent this unko for 2 days?

このうんこ，2日レンタルするといくらですか？

その他

what time

何時

[hwat taim] フワット タイム

▶ About **what time** will the unko I ordered arrive?

注文したうんこ，何時ごろ届きますか？

位置・方向など
position・direction

4級

north

名 北
形 北の

[nɔːrθ] ノース

▶ Put the unko to the **north** of your bed and go to bed.
うんこをベッドの北に置いてねなさい。

4級

south

名 南
形 南の

[sauθ] サウス

▶ Unko came flying on a **south** wind.
南風に乗ってうんこが飛んできた。

4級

east

名 東
形 東の

[iːst] イースト

▶ It is said that the Country of Unko lies in the far **east**.
はるか東に，うんこの国があるという。

west

[west] ウェスト

名 西 形 西の

▶ Unko is smeared on the **west** wall.
西側のかべにうんこがへばりついている。

block

名 ブロック, 区画

[blak] ブラーック

▶ A man who can talk to unko lives in this **block.**
うんこと話せる男は，このブロックに住んでいる。

corner

名 角

[kɔ́ːrnər] コーナァ

▶ Turn at the next **corner,** leave the unko, and go.
次の角を曲がったところにうんこを置いていけ。

その他

end

名 終わり
動 終わる

[end] エンド

▶ shoot the unko to the **end** of the street
うんこを通りのつきあたりまで飛ばす

right

⑤級

[rait] ライト

副 右に
形 右の，正しい

light とまちがえ
ないように
気をつけるのじゃ。

▶ do unko at the **right** of the desk
机の右側でうんこをする

left

⑤級

[left] レフト

副 左に
形 左の
動 出発した

▶ smash the unko with only your **left** hand
うんこを左手だけでたたき割る

straight

⑤級

[streit] ストゥレイト

副 まっすぐに

▶ make a curved unko **straight**
曲がったうんこをまっすぐに直す

in front of

⑤級

[in frʌnt əv] イン フラントヴ

前 〜の前に

▶ There are some men with unko standing **in front of** the gate.
門の前にうんこを持った男たちが立っている。

between A and B

[bitwíːn A ənd B] ビトゥウィーン A アンド B

前 **A と B の間に**

▶ 12 pieces of unko **between the entrance and exit**
入口と出口の間にある 12 個のうんこ

next to

前 **〜のとなりに**

[nekst tə] ネクストゥ

▶ do unko **next to** the principal
校長先生のとなりでうんこをする

under

前 **〜の下に**

[ʌ́ndər] アンダァ

▶ I hid a 500 yen coin **under** the unko.
うんこの下に五百円玉をかくした。

その他

in

前 **〜の中に**

[in] イン

▶ There is a key **in** the unko.
うんこの中にカギが入っている。

into

5級

前 ～の中へ

[intuː] イントゥー

▶ The unko ran away **into** the sea.
うんこが動いて海の中へにげていった。

out

5級

副 外に,
外に出て

[aut] アウト

▶ take all of the unko **out** of the house
全てのうんこを家の外に運び出す

on

5級

前 ～の上に,
(かべなど) にか
かって

[ɑn] アン

▶ put unko **on** top of the speaker
スピーカーの上にうんこを置く

by

5級

前 ～のそばに

[bai] バイ

▶ Doing unko **by** the fire is the best.
たきびのそばでするうんこは格別だ。

5級

near

前 ～の近くに

[niər] ニアァ

▶ There's a new unko shop **near** my house.
家の近くに新しいうんこショップができた。

5級

at

前 ～時に，（場所）で

[æt] エァト

「3時に」など時刻を言うときにも使うのじゃ。

▶ do unko **at** the center of a jet runway
飛行機のかっ走路でうんこをする

5級

of

前 ～の

[ʌv] アヴ

▶ the theme song **of** unko
うんこのテーマソング

5級

to

[tuː] トゥー 前 ～に向かって，～まで

▶ roll a marble **to** the unko
うんこに向かってビー玉を転がす

for

5級

前 ～のために

[fɔːr] フォーァ

「1時間の間」など期間を言うときにも使うのじゃ。

▶ But I prepared this unko **for** you.
きみのために用意したうんこなのに。

from

5級

前 ～から

[frɑm] フラム

▶ unko ordered **from** France
フランスから取り寄せたうんこ

and

5級

接 ～と，そして

[ænd] エァンド

▶ Please bring unko **and** your *inkan*.
うんこと印かんを持っておこしください。

or

5級

接 または

[ɔːr] オーァ

▶ Do you have tanning oil **or** unko?
サンオイルかうんこ，ありませんか？

with

[wið] ウィズ

前 ～といっしょに，～を使って

5級

▶ I did unko **with** my father on a boat.
父といっしょにボートの上でうんこをした。

about

[əbáut] アバウト

副 だいたい，およそ

前 ～について

5級

▶ The biggest piece of unko in Japan is **about** 90 meters tall.
日本最大のうんこはおよそ 90 メートルある。

off

[ɔːf] オーフ

前 ～からはなれて，割り引いて

副 はなれて

5級

▶ First take **off** your unko-covered coat.
まずはうんこまみれのコートをぬぎなさい。

away

[əwéi] アウェイ

副 はなれて

4級

▶ Step **away** from that unko right now!
今すぐそのうんこからはなれて！

その他

over

5級

前 ～の上のほうに，
～をおおって

[óuvər] オウヴァ

▶ There are dozens of pieces of unko floating **over** the school.
校舎の上に数十個のうんこがうかんでいる。

around

5級

前 ～のまわりに，
～じゅうで
副 あちこちに

[əráund] アラウンド

▶ carry unko on your shoulders and parade **around** town
うんこをかついで街じゅうを練り歩く

among

4級

前 ～の中で，
～の間で

[əmʌ́ŋ] アマング

▶ Taking pictures of unko is popular **among** young people.
若者の間で，うんこの写真をとるのがはやっている。

along

4級

前 ～に沿って

[əlɔ́ŋ] アロング

▶ closely line pieces of unko up **along** the white line
白線に沿ってうんこをびっしり並べる

across

4級

前 〜を横切って

[əkrɔ́s] アクロス

▶ Just now unko went **across** the TV camera.
今，テレビカメラの前をうんこが横切った。

through

3級

前 〜を通して

[θruː] スルー

▶ Unko pierced **through** the wall and flew off.
うんこがかべをつらぬいて飛んでいった。

without

3級

前 〜なしで

[wiðáut] ウィザウト

▶ A life **without** unko is boring.
うんこなしの人生なんてつまらない。

as

4級

接 〜と同じくらい，
〜のように

[æz] エアズ

▶ unko **as** hard **as** a diamond
ダイヤモンドと同じかたさのうんこ

その他

up

[ʌp] アップ

副 上へ, 上って

5級

▶ A balloon with unko went **up** to the sky.
うんこをくくりつけた風船が空に上がっていった。

down

[daun] ダウン

副 下へ, 下って

5級

▶ hold unko in your arms and slide **down** the cliff
うんこをだきかかえてがけを下りる

back

[bæk] バック

副 もどって

名 背中

▶ go **back** to school to get the unko you forgot
忘れたうんこを取りに学校にもどる

inside

[insáid] インサイド

副 内側に

前 〜の内側に

4級

▶ I poured gunpowder **inside** the unko.
うんこの内側に火薬をうめこんだ。

outside

[autsáid] アウトサイド

副 外側に
前 ～の外側に

▶ Make sure to put unko **outside**.
うんこは屋外に置きましょう。

not

[nɑt] ナーット

副 ～ではない

▶ That one's **not** soap, it's unko.
そっちは石けんではなく，うんこだよ。

also

副 ～もまた

[ɔ́ːlsou] オーゥソウ

▶ Indeed, this is **also** the substance often called unko.
確かにこれはうんことも呼ばれる物体だ。

その他

too

[tuː] トゥー

副 ～もまたそうだ，～すぎる

▶ The teacher had already done unko in his pants, **too**.
先生もうんこをもらしていたんですね。

either

3級

[íːðər] イーザァ

副 ～もまた
そうではない

▶ **Either** fire or unko should not work against that enemy.
あの敵には火も効かないし，うんこも効かない。

both

4級

[bouθ] ボウス

形 両方の
代 ～のうち両方

▶ I was sandwiched on **both** sides by unko.
体の両側をうんこではさまれた。

together

5級

[təgéðər] トゥゲザァ

副 いっしょに

▶ The police officer and I searched for the unko **together**.
警察官がいっしょにうんこを探してくれた。

abroad

3級

[əbrɔ́ːd] アブロード

副 海外へ

▶ This is my first time to go **abroad** with unko.
うんこを持って海外へ行くのは初めてだ。

時間・順番など
time・order

---

but

5級

接 でも，しかし

[bʌt] バット

bat と
まちがえないように
気をつけるのじゃ。

▶ I don't have my ticket, **but** I have unko.
チケットは持っていませんが，うんこは持っています。

---

so

5級

副 そのように，そんなに

接 だから

[sou] ソウ

▶ This unko is great, isn't it? —Really? I don't think **so**.
このうんこいいよね？―本当？ そうは思わないな。

---

because

4級

接 なぜなら

[bikɔ́:z] ビコーズ

▶ **Because** I was in a hurry, I mistook unko for my wallet.
急いでいたので，財布とうんこをまちがえました。

if

4級

接 もし〜なら

[if] イフ

▶ **If** you get any unko, please e-mail us right away.
もしうんこが手に入ったらすぐメールください。

then

4級

副 そのとき,
それから,
そのあと

[ðen] ゼン

▶ I happened to not have any unko **then**.
そのときは，たまたまうんこを持ってなかったんです。

before

5級

前 〜の前に
接 〜する前に

[bifɔ́ːr] ビフォーァ

▶ I have to find some unko **before** daybreak.
夜明け前にうんこを見つけなければ。

after

5級

前 〜のうしろに，
後に
接 〜した後に

[ǽftər] エァフタァ

▶ Doing unko **after** sports is the best.
スポーツの後のうんこは最高だ。

until

[əntíl] アンティゥ

接 〜するまで
　　 ずっと
前 〜までずっと

4級

▶ unko that I kept **until** I became an adult
大人になるまでずっと身につけていたうんこ

during

[djúəriŋ] デュアリング

前 〜の間に

4級

▶ I made more unko friends **during** summer vacation.
夏休みの間にうんこ仲間が増えた。

while

[hwail] フワイゥ

接 〜する間に,
　　 〜と同時に

3級

▶ They lost 3 points **while** the keeper was doing unko.
キーパーがうんこしている間に3点も決められた。

その他

soon

[su:n] スーン

副 すぐに,
　　 まもなく

5級

▶ The age of unko will be here **soon**.
もうすぐうんこの時代がやってくる。

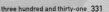

later

五級

[léitər] レイタァ

副 後で, 後ほど

▶ Let me hear all about that unko talk **later**.
そのうんこの話, 後でじっくり聞かせて。

again

五級

[əgén] アゲン

副 もう一度

▶ Can you say that **again**? Did you just say "unko"?
もう一度お願いします。今「うんこ」と言いました?

still

四級

[stil] スティル

副 まだ, 依然として

▶ I **still** can't get the leg that got caught in unko free.
うんこにはまった足がまだぬけません。

just

五級

[dʒʌst] ヂャスト

副 ちょうど

▶ I shall do unko at **just** 12 o'clock.
12時ちょうどにうんこを出してみせましょう。

once

[wʌns] ワンス

副 かつては

4級

▶ **Once,** you could do unko all you wanted at this store.
この店も前はうんこし放題だったんだけどな。

someday

[sʌ́mdei] サムデイ

副 いつか

4級

▶ **Someday** I want to try doing unko in space.
いつか宇宙でうんこをしてみたい。

finally

[fáinəli] ファイナリィ

副 ついに、
最終的には

4級

▶ **Finally** the day has come when I can see that man's unko.
ついにあの男のうんこをおがめる日が来た。

その他

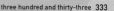

その他(た)

代名詞・助動詞など
pronouns・auxiliary verbs

5級

I
代 私(わたし)は

[ai] アイ

▶ **I** am an unko professional.
私(わたし)はうんこの達人(たつじん)だ。

5級

my
代 私(わたし)の

[mai] マイ

▶ I wonder if you can still say that after seeing **my** unko.
私(わたし)のうんこを見(み)ても同(おな)じことが言(い)えるかな。

5級

me
代 私(わたし)に，私(わたし)を

[mi:] ミー

▶ Please give **me** a chance to do unko, too.
私(わたし)にもうんこをするチャンスをください。

mine

[main] マイン

代 私のもの

▶ Whose unko is this? —It's **mine**.

このうんこ，だれの？—私のです。

you

[ju:] ユー

代 あなたは，あなたに

▶ **You** are the one who taught me to do unko.

ぼくにうんこを教えてくれたのはあなただ。

your

[juər] ユア

代 あなたの

▶ **Your** unko is on TV.

テレビにあなたのうんこが映ってますよ。

yours

[juərz] ユアズ

代 あなたのもの

▶ Starting today, all of the unko here is **yours**.

今日からここのうんこは全部あなたのものだ。

he

5級

代 かれは

[hi:] ヒー

▶ **He** will do unko instead of me.

かれがぼくのかわりにうんこをします。

男性に
使うのじゃ。

---

his

5級

代 かれの,
かれのもの

[hiz] ヒズ

▶ All in favor of **his** opinion, raise your unko.

かれの意見に賛成の人, うんこを挙げて。

---

him

5級

代 かれに, かれを

[him] ヒム

▶ Return the unko to **him**.

かれにうんこを返しなさい。

---

she

5級

代 かの女は

[ʃi:] シー

▶ I'm certain. **She** just said, "Unko."

まちがいない。今かの女は「うんこ」と言った。

女性に
使うのじゃ。

her

[həːr] ハ〜

代 かの女の, かの女に

▶ Unko splattered on **her** glasses.
かの女のめがねにうんこが飛んでしまった。

hers

[həːrz] ハ〜ズ

代 かの女のもの

▶ That unko isn't **hers**. It's mine.
そのうんこはかの女のものじゃない。ぼくのだ。

we

[wiː] ウィー

代 私たちは

▶ **We** worked together and returned the unko to the sea.
私たちは力を合わせてうんこを海へもどした。

our

[áuər] アウァ

代 私たちの

▶ Let's bundle **our** unko together.
私たちのうんこをひとまとめにしておきましょう。

その他

us

[ʌs] アス

代 私たちに, 私たちを

▶ We will never forget the unko our teacher gave **us**.
先生が私たちにくれたうんこを忘れません。

ours

[áuərz] アウァズ

代 私たちのもの

▶ The unko decorating the wall is **ours**.
かべにかざってあるうんこは私たちのものです。

they

[ðei] ゼイ

代 かれらは

▶ **They** are pros at finding unko.
かれらはうんこを探し出すプロだ。

their

[ðeər] ゼアァ

代 かれらの

▶ There's not a single piece of unko in **their** house.
かれらの家にはうんこが1つも置いていない。

them

[ðem] ゼム

代 かれらに, かれらを

5級

▶ If you give **them** unko, something terrible will happen.
うんこをかれらにわたすとおそろしいことになる。

theirs

[ðeərz] ゼァァズ

代 かれらのもの

5級

▶ The price of my unko is completely different from **theirs**.
ぼくのうんことかれらのうんこは値段が全然ちがう。

it

[it] イット

代 それは

5級

▶ I have a treasure, too. **It**'s this unko.
ぼくにも宝物がある。それは, このうんこだ。

its

[its] イッツ

代 それの

5級

▶ The great thing about his unko is **its** size.
かれのうんこのすごさは, その大きさでしょう。

その他

myself

4級

代 私自身に,
私自身を

[maisélf] マイセゥフ

▶ I express **myself** through unko.
私はうんこで自分自身を表現しているんです。

yourself

4級

代 あなた自身に,
あなた自身を

[juərsélf] ユアセゥフ

▶ Take care of **yourself** and your unko.
お体とうんこを大切に。

this

5級

代 これ
形 この

[ðis] ズィス

▶ **This** is unko.
これはうんこです。

that

5級

[ðæt] ゼァット

代 あれ 形 あの

▶ **That** is unko, too.
あれもうんこです。

these

5級

形 これらの
代 これら

[ðiːz] ズィーズ

▶ **These** toothpicks are all for sticking in unko.

このつまようじは全部うんこにさすためのものだ。

those

5級

形 あれらの
代 あれら

[ðouz] ゾウズ

▶ **Those** men were handing out unko.

あそこのおじさんたちが, うんこを配ってたんです。

here

5級

名 ここ
副 ここで

[hiər] ヒアァ

▶ The unko that was just **here** is gone.

さっきまでここにあったうんこが消えている。

その他

there

5級

名 あそこ
副 そこで,
あそこに

[ðeər] ゼアァ

▶ Today let's do unko over **there**.

今日はあそこでうんこをしましょう。

can

助 ～できる

[kæn] ケァン

「～してくれる？」
とお願いするとき
にも使うのじゃ。

▶ I **can** do unko 80 times in a day.
私は1日に80回うんこができる。

could

助 ～できた

[kəd] クド

▶ When I was a child, I **could** talk to unko.
子どものころは，うんこと話すことができた。

will

助 ～だろう

[wil] ウィゥ

▶ Unko **will** start pouring down from the sky very soon.
まもなくうんこが空から降り注ぐだろう。

would

助 ～だろう

[wud] ウド

▶ Ken **would** like this piece of unko.
ケンはこのうんこを気に入るだろう。

should

4級

[ʃud] シュド

助 ～すべきだ

▶ You **should** stop talking about unko soon.

そろそろうんこの話はやめたほうがいいよ。

must

4級

[mʌst] マスト

助 ～しなければ
ならない,
～にちがいない

▶ Someday we **must** say goodbye to unko.

いつかはうんこと別れねばならない。

such

4級

[sʌtʃ] サッチ

形 そのような

▶ Tell me sooner if there's **such** great unko.

そんないいうんこがあるならもっと早く言ってよ。

その他

part

4級

[pɑ:rt] パーァト

名 部分

▶ the ability to change **part** of your body into unko

体の一部をうんこに変える能力

あいさつ・会話
greetings・conversation

5級

yes

[jes] イエス

間 **はい**

▶ **Yes,** it's thanks to unko.

はい，うんこのおかげです。

5級

no

間 **いいえ**

[nou] ノウ

▶ **No,** I don't have any unko today.

いや，今日はうんこを持ってないんだ。

5級

Hi.

やあ。

[hai] ハイ

友だちなどに
使うとよいぞ。

▶ **Hi.** How about doing unko together?

やあ。いっしょにうんこでもしない？

Hello.

こんにちは。
（電話で）もしもし。

[helóu] ヘロウ

▶ My grandfather says, "**Hello**," to his unko.
祖父は自分のうんこに「こんにちは。」と言う。

Nice to meet you.

はじめまして。

[nais tə mi:t ju] ナイス トゥ ミーチュ

▶ **Nice to meet you.** My name is Unkoda.
はじめまして。うんこ田と申します。

Goodbye.

さようなら。

[gudbái] グッバイ

▶ I'll say "**Goodbye**," to the unko now.
そろそろうんこに「さようなら。」を言おう。

Bye.

さようなら。

[bai] バイ

▶ I'm about to do unko in my pants, so I'm going home. **Bye.**
うんこがもれそうだから帰るね。さようなら。

あいさつ・会話

See you.

またね。

[si: ju] スィー ユ

▶ **See you.** That was some good unko.

またね。いいうんこだったよ。

Thank you.

ありがとうございます。

[θæŋk ju:] センキュー

▶ 2 pieces of unko to go. **Thank you.**

うんこ2個お持ち帰りで。ありがとうございます。

You're welcome.

どういたしまして。

[jər wélkəm] ユア ウェゥカム

▶ **You're welcome.** It's just some unko I don't need.

どういたしまして。もう不要のうんこですから。

I'm sorry.

ごめんなさい。

[aim sɔ́:ri] アイム ソーリィ

▶ **I'm sorry** for covering the hallway in unko.

ろうかをうんこまみれにしてしまい，ごめんなさい。

Welcome to ～.

[wélkəm tə ～] ウェゥカム トゥ ～　　　～へようこそ。

▶ **Welcome to** unko paradise.
うんこの楽園へようこそ。

OK.

[òukéi] オウケイ　　　よいです。だいじょうぶです。

▶ I'll come over to play later with some unko. —**OK**.
あとでうんこを持って遊びに行くね。—OK。

Excuse me.

[ikskjú:z mi:] イクスキューズ ミー　　　ちょっとすみません。

▶ **Excuse me**, do you recognize this unko?
すみません，このうんこに見覚えは？

～, please.

[～ pli:z] ～ プリーズ　　　すみませんが～してください。

▶ Could you do unko a little more quietly, **please**?
もう少し静かにうんこをしてもらえますか。

あいさつ・会話

Sure.

[ʃuər] シュアァ

もちろんいいですよ。

「OK」と同じように使える便利な返事だぞい。

▶ **Sure.** There's plenty more unko.

もちろんどうぞ。うんこならまだまだありますから。

Of course.

もちろん。

[əf kɔ́ːrs] オフ コース

▶ **Of course.** My father does a big piece of unko, too.

もちろん。父のうんこも大きいです。

Let's ～ .

～しよう。

[lets ～] レッツ ～

▶ **Let's** tie some unko to a balloon and let it fly.

風船にうんこをくくりつけて空に飛ばそうよ。

Shall we ～ ?

[ʃæl wi ～] シェアゥ ウィ ～

～しませんか。

▶ **Shall we** do unko together in the arts and crafts room?

いっしょに図工室でうんこしない?

How about ~ ?

5級

[hau əbáut ~] ハウ アバウト ～

～はどうですか。

▶ **How about** putting a name tag on the unko?

うんこに名札をつけておくのはどうですか?

Can you ~ ?

5級

[kæn ju: ~] ケァニュー ～

～してくれる?

「～できますか」という意味でも使われるのじゃ。

▶ **Can you** hold this unko for me?

ちょっとこのうんこ持っててくれる?

Could you ~ ?

4級

[kəd ju: ~] クヂュー ～

～していただけますか。

▶ **Could you** move your unko over just a little?

うんこを少しだけ横にどけてもらえますか?

Can I ~ ?

5級

[kæn ai ~] ケァナイ ～

～してもいい?

▶ **Can I** pet this unko?

このうんこ,なでてもいいですか?

May I ~?

[mei ai ~] メイ アイ ~

級

~してもよろしいですか。

▶ **May I** start talking about unko now?

そろそろうんこの話を始めてよいでしょうか。

Would you like ~?

[wəd ju laik ~] ウデュ ライク ~

4級

~はいかがですか。

▶ **Would you like** some tea after doing unko?

うんこの後に紅茶などいかがでしょうか。

Dear ~,

[diər] ディアァ

5級

親愛なる
~様へ

▶ **Dear** son, I'm sending you this month's unko supply.

親愛なる息子へ。今月分のうんこ送ります。

Good luck.

[gud lʌk] グッド ラック

5級

幸運をいのります。

▶ I hope you don't do unko in your pants. **Good luck.**

うんこをもらさないといいですね。幸運をいのります。

ミニ英和辞典（さくいん）

えい わ じ てん

この本にのっている英単語をアルファベット順に並べています。単語の横の数字はこの本での掲載ページです。本文で学習した英単語を確にんしましょう。

A

B・b

B

C

C・c

C

C

D

D・d

E・e

D

E

E

F

G・g

F

G

H・h

H

G

I・i

I

J

K

L

M

M

N

O・o

N

O

P

O

P
Q
R

S・s

R

S

S

S

T・t

S

T

T

U・u

V・v

T

U

V

W・w

W

V

X・x

Y・y

Z・z

ミニ和英辞典（さくいん）

この本にのっている英単語の意味を五十音順に並べています。ことばの横の数字はこの本での掲載ページです。本文で学習した英単語を確にしましょう。

あ

い

う

う

え

お

か

お

か

か

き

か
き

こ

さ

さ

し

し

す

せ

そ

た

そ

た

す

せ

ち

た

ち

ち
つ
て

て

と

な

は

の

は

ひ

は
ひ

ふ

へ

ほ

ま

や

ゆ

よ

わ

よ

ら

り

れ

ろ

小学 うんこ英単語 1500

作者	古屋雄作	発行者	山本周嗣
		発行所	株式会社 文響社
デザイン	小寺練＋佐々木伸		〒 105-0001
イラスト	大木貴子 (本文)		東京都港区虎ノ門 2-2-5
	穂坂麻里 (カバー裏面)		共同通信会館 9F
		ホームページ	https://bunkyosha.com
企画・編集	品田晃一	お問い合わせ	info@bunkyosha.com
編集協力	株式会社エデュデザイン	印刷	株式会社光邦
英文作成・校閲	Joseph Tabolt	製本	古宮製本株式会社

🏠 おうちの方へ

本書に掲載されている内容は，学習にユーモアを取り入れ，お子様の学習意欲向上に役立てる目的で作成されたフィクションです。一部の例文において，お子様が実際に真似されますと，他の方に迷惑をおかけするような内容も含まれておりますが，本書はあくまでも学習用であり，お子様の不適切な行為を助長することを意図しているものではありませんので，ご理解いただきますようお願い申し上げます。